EDITORA AFILIADA

Transitividade e Seus Contextos de Uso

COMITÊ EDITORIAL DE LINGUAGEM
Anna Christina Bentes
Edwiges Maria Morato
Maria Cecilia P. Souza e Silva
Sandoval Nonato Gomes-Santos
Sebastião Carlos Leite Gonçalves

CONSELHO EDITORIAL DE LINGUAGEM
Adair Bonini (UFSC)
Ana Rosa Ferreira Dias (PUC-SP/USP)
Angela Paiva Dionísio (UFPE)
Arnaldo Cortina (UNESP-Araraquara)
Clélia Cândida Abreu Spinardi Jubran (UNESP-Rio Preto)
Fernanda Mussalim (UFU)
Heronides Melo Moura (UFSC)
Ingedore Grunfeld Villaça Koch (UNICAMP)
Leonor Lopes Fávero (USP/PUC-SP)
Luiz Carlos Travaglia (UFU)
Maria das Graças Soares Rodrigues (UFRN)
Maria Luiza Braga (UFRJ)
Mariângela Rios de Oliveira (UFF)
Marli Quadros Leite (USP)
Mônica Magalhães Cavalcante (UFC)
Neusa Salim Miranda (UFJF)
Regina Célia Fernandes Cruz (UFPA)
Ronald Beline (USP)

Dados Internacionais de Catalogação na Publicação (CIP)
(Câmara Brasileira do Livro, SP, Brasil)

Cunha, Maria Angélica da
  Transitividade e seus contextos de uso / Maria Angélica da Cunha,
Maria Medianeira de Souza. -- São Paulo : Cortez, 2011. -- (Coleção leituras introdutórias em linguagem ; v. 2)

  Bibliografia.
  ISBN 978-85-249-1819-3

  1. Língua e linguagem - Estudo e ensino 2. Linguística I. Souza,
Maria Medianeira de. II. Título. III. Série.

11-08058   CDD-410.07

Índices para catálogo sistemático:
1. Linguagem : Linguística : Estudo e ensino   410.07

Maria Angélica Furtado da Cunha
Maria Medianeira de Souza

Transitividade e Seus Contextos de Uso

Coleção Leituras Introdutórias em Linguagem
Vol. 2

TRANSITIVIDADE E SEUS CONTEXTOS DE USO
Maria Angélica Furtado da Cunha • Maria Medianeira de Souza

Capa: aeroestúdio
Preparação dos originais: Elisabeth Matar
Revisão: Maria de Lourdes de Almeida
Composição: Linea Editora Ltda.
Coordenação editorial: Danilo A. Q. Morales

Nenhuma parte desta obra pode ser reproduzida ou duplicada sem autorização expressa das autoras e do editor.

© 2011 by Maria Angélica Furtado da Cunha e Maria Medianeira de Souza

Direitos para esta edição
CORTEZ EDITORA
Rua Monte Alegre, 1074 – Perdizes
05014-001 – São Paulo – SP
Tel.: (55 11) 3864-0111   Fax: (55 11) 3864-4290
e-mail: cortez@cortezeditora.com.br
www.cortezeditora.com.br

Impresso no Brasil – outubro de 2011

Sumário

Apresentação da Coleção ...., 7

Apresentação
Maria Alice Tavares e Maria Auxiliadora Bezerra 9

Apresentando o tema 15

Capítulo 1. Situando o Funcionalismo 21
1. A Linguística Funcional norte-americana 21
2. A Linguística Sistêmico-Funcional 23
3. Delimitando a transitividade 30

Capítulo 2. A transitividade segundo a Linguística
Funcional norte-americana 37
1. A transitividade semântica dos verbos: a análise
   de Givón 40
2. A transitividade da oração: a proposta de
   Hopper e Thompson 46
3. Análise da transitividade em dados do Português
   falado do Brasil 53

Capítulo 3. A transitividade segundo a Linguística
Sistêmico-Funcional 67
1. Processos e participantes 71
2. As circunstâncias 76
3. Analisando a transitividade em editoriais 78

Considerações finais 97
Desdobramentos do tema 101
Lendo mais sobre o tema 103
Posfácio 107
Referências bibliográficas 109
Índice remissivo 115

Apresentação da Coleção

A Coleção **Leituras Introdutórias em Linguagem** é destinada a alunos e professores de Letras, Linguística, Educação, *Design*, Sociologia, Psicologia e demais interessados nos estudos da linguagem. Tem por objetivo explorar temas centrais para essas áreas, sempre numa perspectiva em que se estabeleça uma articulação entre teoria e prática, através da inserção de atividades de pesquisa, incentivando, assim, os leitores a desenvolverem pesquisas quer no âmbito universitário quer na educação básica. Uma característica peculiar desta Coleção recai na forma de construção dos textos. A metodologia de trabalho envolve, além das organizadoras da coleção, dois "times" fundamentais que dialogam com os autores: os "leitores especialistas" e os "pareceristas especialistas". O primeiro grupo, formado por 10 alunos de graduação em Letras de diferentes IES, faz a leitura dos originais e emite seus comentários. Cada original é, no mínimo, lido por três graduandos de IES distintas. Os comentários são encaminhados aos autores pelas organizadoras, que também leem os originais. Uma nova versão é enviada pelos autores para as organizadoras, após leitura e discussão dos pareceres recebidos. O segundo grupo, "pareceristas especialistas", entra em cena, quando organizadoras e autores consideram que a reescritura do livro está pronta, finalizada. Nesse momento, é convidado um estudioso do tema do livro para que emita um parecer sobre o mesmo. Com o parecer em mãos, organizadoras e autores voltam ao texto do livro para fazer as alterações que ainda possam ter sido sugeridas para aprimorar a qualidade da obra. Em outras palavras, a Coleção **Leituras Introdutórias em Linguagem** é, ao mesmo tempo, um exercício de escrita acadêmica para autores e organizadoras e um exercício de aprendizagem de leitura crítica de textos acadêmicos para alunos de graduação. Assim, esse pequeno time, ainda em formação regular, sugere, direciona, auxilia a escrita dos textos que poderão servir de referências para seus pares. De nosso lado, mensuramos (se isto é possível em tal contexto) as contribuições, críticas, sugestões, através do nosso compromisso com a formação dos cidadãos e com o incentivo às pesquisas na área da linguagem. Para avaliarem os títulos *"Transitividade e seus Contextos de Uso"* e *"Princípios Básicos da Mudança Linguística: uma abordagem centrada no uso"*, participaram como pareceristas convidadas as professoras Maria Alice Tavares (UFRN) e Maria Célia Lima-Herandes (USP). A equipe de alunos de graduação em Letras que integrou o elenco de leitores especialistas foi composta por Aluska Silva (UFCG), Andréa Moraes (UFPE), Anelize Scotti Scherer (UFSM), Camile Fernandes Borba (UFPE), Elisa Cristina Amorim Ferreira (UFCG), Leonardo Medeiros da Silva (UFRN), Luana Lopes Amaral (UFMG), Lúcia Chaves de Oliveira Lima (UFRN), Shenia Bezerra (UFPE) e Viviane Morais C. Gomes (UFCG). A todos o nosso muito obrigada!

Organizadoras da Coleção
Leituras Introdutórias em Linguagem

Angela Paiva Dionisio

Maria Auxiliadora Bezerra

Maria Angélica Furtado da Cunha

Apresentação

Aproximando-nos do funcionamento da transitividade

O termo *transitividade*, do latim *transitivus* (*que vai além, que se transmite*), refere-se, no âmbito dos estudos gramaticais, ao grau de completude sintático-semântica de itens lexicais empregados na codificação linguística de eventos, de acordo com diversas possibilidades de transferência de uma atividade de um agente para um paciente. Trata-se de um fenômeno gramatical complexo que envolve diferentes aspectos morfossintáticos e semântico-pragmáticos e suas inter-relações.

A transitividade tem sido investigada sob diferentes olhares teóricos, afiliados a correntes formalistas ou funcionalistas. Neste livro, a ótica adotada é a funcionalista, tomando-se a língua como uma atividade social enraizada no uso cotidiano e condicionada por pressões advindas de situações de interação variadas, e a gramática como uma estrutura dinâmica e maleável, que emerge das situações cotidianas de interação.

Pesquisas realizadas sob a égide do funcionalismo investigam as formas linguísticas sempre em consonância com as funções a que servem em situações reais de comunicação. No âmago do funcionalismo está a defesa da posição de que a estrutura reflete e é motivada pela função: formas desempenham papéis no discurso, fato que, para os funcionalistas, está subjacente à organização gramatical da língua. Por exemplo, no caso do tópico deste livro, estudos que se filiam ao funcionalismo buscam identificar as múltiplas possibilidades de manifestação da transitividade em contextos variados de uso da língua, averiguando as motivações funcionais (semântico-pragmáticas, sociais, cognitivas) subjacentes a cada situação.

Com o objetivo de trazer a público, em uma linguagem clara e acessível, análises e reflexões a respeito da transitividade no português brasileiro, as autoras, Maria Angélica Furtado da Cunha e Maria Medianeira de Souza, põem à disposição de leitores e leitoras iniciantes nos estudos do funcionalismo linguístico um conjunto de conceitos e perspectivas de análise relativos à transitividade, bem como propostas para a aplicação prática desses conceitos e perspectivas, tendo como pano de fundo textos de natureza vária, produzidos nas modalidades oral e escrita da língua.

É importante alertar que o funcionalismo não é um campo de pesquisas unificado, e sim congrega diferentes versões. Todas elas se aproximam por se fundamentarem na proposição de que a análise das formas linguísticas não deve acontecer desvinculada da análise de suas funções, mas se distanciam ao pôr em cena diferentes conceitos e modos de abordagem aos dados tidos como relevantes.

Este livro traz contribuições advindas de duas vertentes funcionalistas: a Linguística Funcional norte-americana, representada, sobretudo, por Givón, Hopper, Thompson e Chafe, e a linguística sistêmico-funcional, cujo expoente é Halliday. As proposições apresentadas e as descobertas feitas por essas duas vertentes de pesquisa funcionalista em muito vêm contribuindo para o esclarecimento de particularidades do português brasileiro no que diz respeito ao fenômeno da transitividade.

No primeiro capítulo, "Situando o funcionalismo", são apresentados pressupostos teórico-metodológicos das duas abordagens funcionalistas. Apresentam-se, inicialmente, categorias-chave dessas duas abordagens, destacando-se os conceitos de língua, gramática, discurso e funções da linguagem, e as implicações derivadas da adoção desses conceitos para fundamentar a análise e a reflexão sobre os fenômenos linguísticos.

A seguir, é introduzido o tema da transitividade, primeiramente do ponto de vista da gramática tradicional — que propõe ser a transitividade uma característica típica do verbo — acompanhado de algumas reflexões e críticas que demonstram, à luz da ótica funcionalista centrada na língua em uso, a inadequação dessa posição gramatical.

Para a Linguística Funcional norte-americana, de acordo com Furtado da Cunha e Souza, a transitividade é "uma propriedade contínua, escalar (ou gradiente), da oração como um todo. É na oração que se podem observar as relações entre o verbo e seu(s) argumento(s) — a gramática da oração" (p. 19). Já para a Linguística Sistêmico-Funcional, a transitividade é compreendida "como a gramática da oração, como uma unidade estrutural que serve para expressar uma gama particular de significados ideacionais ou cognitivos. É a base da organização semântica da experiência e denota não somente a familiar oposição entre verbos transitivos e intransitivos, mas um conjunto de tipos oracionais com diferentes transitividades" (p. 39). Portanto, ambas as vertentes funcionalistas ressaltam que a transitividade não se manifesta apenas no verbo, mas na totalidade da oração, emergindo das relações estabelecidas entre os diversos elementos que a compõem.

No segundo capítulo, reservado à Linguística Funcional norte-americana, são descritas e exemplificadas duas propostas de análise da transitividade: uma que a define como um fenômeno complexo da interface entre sintaxe e semântica, apontando a possibilidade de organização escalar dos tipos de transitividade a partir de um protótipo; e uma outra que concebe a transitividade como um fenômeno contínuo, gradual, e observa diferentes ângulos de transferência da ação, avaliando uma série de elementos envolvidos na constituição das orações. Partindo da concepção de Chafe (1979) de que "o universo conceptual humano está dividido em duas grandes áreas: a do verbo e a do nome" (p. 20) e de que o verbo é o centro da oração, as autoras vão tecendo seu texto, incluindo os princípios teóricos defendidos por Givón (1984, 2001), segundo o qual o evento transitivo prototípico é definido pelas propriedades semânticas do agente, paciente e verbo na oração, e os de Hopper e Thompson (1980), que "formulam a transitividade como uma noção contínua, escalar, não categórica" (p. 25). E a explicam propondo um conjunto de dez parâmetros sintático-semânticos independentes, do tipo participantes, aspecto e pontualidade do verbo, intencionalidade e agentividade do sujeito. Confrontando-se essa perspectiva teórica com a da gramática normativa, vê-se que, para Hopper e Thompson, "não há necessidade da ocorrência dos três elementos — sujeito, verbo, objeto — para que uma oração seja transitiva" (p. 25).

No terceiro capítulo, é introduzido o ponto de vista da linguística sistêmico-funcional, segundo o qual a linguagem é um dos sistemas de significado que compõem a cultura humana, e, por conseguinte, sua análise requer que as formas léxico-gramaticais — incluindo aquelas que compõem o sistema da transitividade — sejam avaliadas em relação às suas funções sociais. Sobre a transitividade, as autoras informam que se trata da "base da organização semântica da experiência e denota não somente a familiar oposição entre verbos transitivos e intransitivos, mas um conjunto de tipos oracionais com diferentes transitividades" (p. 39).

Na continuidade do capítulo, são expostas e exemplificadas as categorias centrais da proposta feita pela linguística sistêmico-funcional para o estudo da transitividade. Recebem destaque a metafunção ideacional e os aspectos que concorrem para a manifestação da transitividade: (i) a seleção do processo (material, mental, relacional, verbal, entre outros); (ii) a seleção dos participantes (Ator, Meta, Extensão, entre outros); e (iii) a seleção das circunstâncias (Extensão temporal, Localização, Modo, entre outras). É a interação entre esses aspectos que contribui para a construção do significado global do texto.

A última seção do segundo e terceiro capítulos é reservada para a aplicação das propostas inicialmente apresentadas em textos reais, nas modalidades oral e escrita da língua. Assim, no segundo capítulo, a transitividade é investigada em trechos da fala cotidiana, refletindo-se sobre sua distribuição escalar, a partir dos usos prototípicos e sobre as diferenças de sua codificação linguística advindas da atuação conjugada de diversos elementos presentes a cada contexto de uso. No terceiro capítulo, a transitividade é analisada em textos escritos do gênero editorial, publicados em jornais e revistas de grande circulação, focalizando-se o papel, na construção da opinião veiculada pelos editoriais, do sistema de transitividade, construído através das reações entre processos, participantes e circunstâncias a cada ocorrência.

É digna de nota essa salutar vinculação teoria-prática: as autoras ultrapassam o plano conceitual ao mostrar como aplicar a dados da língua portuguesa as propostas funcionalistas voltadas à transitividade. É louvável, ainda, o fato de que essas aplicações são levadas a cabo com base em textos orais e escritos da vida cotidiana dos brasileiros, facilitando aos leitores o acesso a subsídios teóricos aliados a uma ampla exemplificação representativa de nossa comunicação diária.

As explicações teóricas das duas correntes linguísticas funcionalistas são apresentadas de forma clara, acompanhadas de inúmeros exemplos. Além disso, as questões para debate, os comentários e fontes bibliográficas que se encontram no final do livro contribuem para que o assunto seja compreendido pelo leitor iniciante. Assim, pode-se afirmar que a organização deste livro, a seleção dos tópicos e exemplos e a linguagem em que está escrito caracterizam-no como, realmente, dirigido a estudantes de graduação em Letras, Linguística ou outro curso voltado para a análise e descrição de línguas.

Finalmente, cumpre mencionar que o livro atende plenamente ao propósito da Coleção Leituras Introdutórias em Língua(gem) que tem como objetivo primeiro oferecer a estudantes interessados pela língua/linguagem temas para estudo/leitura, em uma abordagem introdutória, mas não superficial.

Maria Alice Tavares[1]
Maria Auxiliadora Bezerra[2]

---

1. Maria Alice Tavares é professora da Universidade Federal do Rio Grande do Norte e atua nas áreas de Sociolinguística e Teoria e Análise Linguística. Seu interesse principal de pesquisa reside nas relações entre os fenômenos de variação e gramaticalização. Publicou vários artigos e capítulos de livros, e é uma das organizadoras do livro *Linguística funcional e ensino de gramática*.

2. Maria Auxiliadora Bezerra é professora da Universidade Federal de Campina Grande (Paraíba), atua na área de Linguística Aplicada, mais especificamente, no ensino de língua materna, livro didático e formação do professor de português. Tem vários trabalhos publicados, dentre os quais *Livro didático de português: múltiplos olhares* (Lucerna, 2001), dirigido a professores de português e alunos de Letras.

Apresentando o tema

A linguagem desempenha um papel central na vida humana, permeando nossas atividades, mediando nossas interações, servindo como meio de expressão do pensamento. O estudo da linguagem verbal, articulada, tem uma longa história. Essa capacidade exclusivamente humana de comunicação sempre despertou a atenção e a curiosidade dos homens nas mais diferentes épocas e culturas. No entanto, foi no século XX que vimos nascer o estudo científico da linguagem no Ocidente, com a publicação do *Curso de Linguística Geral* (1916), do mestre suíço Ferdinand de Saussure.

Assim como ocorre com outras ciências, a Linguística comporta diferentes escolas teóricas, que divergem em sua maneira de compreender o fenômeno da linguagem. As abordagens linguísticas atuais podem ser divididas em dois grandes paradigmas:

a) *o paradigma formalista* prioriza o estudo da linguagem sob a perspectiva da forma, relegando a análise da função a um plano secundário;

b) *o paradigma funcionalista* ressalta a função que a forma linguística desempenha na interação comunicativa.

De um modo geral, pode-se afirmar que a distinção entre formalismo e funcionalismo reflete a oposição entre o estudo da forma linguística (fonologia, morfologia e sintaxe) e o estudo das funções que essa forma desempenha na comunicação diária (cf. Dillinger, 1991).[1]

Essas duas orientações estão associadas a diferentes concepções sobre a natureza da linguagem, os objetivos da análise linguística, a metodologia aplicada nessa análise e o tipo de dados utilizados como evidência empírica. Com relação à natureza da linguagem, segundo Leech (1983), tais diferenças podem ser listadas como segue:

- os formalistas tendem a conceber a língua como um fenômeno mental, um objeto autônomo, cuja estrutura pode ser analisada sem que seja levado em conta seu uso em situações reais de comunicação. Os funcionalistas, por outro lado, tendem a considerar a língua como um fenômeno social, um instrumento de comunicação, cuja estrutura se adapta a pressões provenientes das diversas situações comunicativas em que é utilizada;

- os formalistas tendem a considerar que os universais linguísticos[2] derivam de uma herança linguística genética que é comum a toda a espécie humana. Os funcionalistas, por sua vez, tendem a explicar os universais linguísticos como derivados da universalidade dos usos a que a língua serve na sociedade humana;

---

1. Há diversas discussões teóricas a respeito desses dois paradigmas. Para um aprofundamento do assunto, ver Berlinck, Augusto e Scher (2001), Pezatti (2004) e Oliveira (2004).

2. Em sentido estrito, o termo *universal linguístico* designa uma propriedade que todas as línguas têm (p. ex. todas as línguas têm elementos que são foneticamente vogais). Mais recentemente, admite-se que os universais linguísticos não são absolutos, mas uma questão de grau ou tendência, de modo que refletem uma propriedade que se manifesta na maioria das línguas. Ver Trask (2004), Matthews (1997) e Greenberg (1966).

- os formalistas tendem a explicar a aquisição da linguagem pelas crianças em termos de uma capacidade humana inata para aprender uma língua. Em oposição, os funcionalistas tendem a explicar a aquisição da linguagem em termos do desenvolvimento das necessidades e habilidades comunicativas da criança na sociedade.

No que diz respeito aos objetivos da análise linguística, à metodologia aplicada nessa análise e ao tipo dos dados utilizados como evidência empírica, os funcionalistas estão interessados em explicar as regularidades observadas no uso interativo da língua, analisando as condições discursivas em que se verifica esse uso. Ultrapassam, portanto, o âmbito da estrutura gramatical, e buscam na situação comunicativa, que envolve os interlocutores, seus propósitos e o contexto discursivo, a motivação para os fatos da língua. Um dos pressupostos centrais do funcionalismo é que o contexto de uso motiva as diferentes construções sintáticas. Sendo assim, a estrutura da língua só pode ser explicada levando-se em conta a comunicação na situação social. O papel ou função comunicativa das formas linguísticas é o critério que permite descobrir as regularidades que caracterizam a gramática da língua.

Para atingir seu objetivo, os funcionalistas trabalham essencialmente com dados de fala ou escrita, retirados de contextos reais de comunicação, evitando lidar com frases criadas, dissociadas de sua função no ato da interação comunicativa, como fazem os formalistas. Estes estudam a língua como um objeto descontextualizado, já que estão interessados em suas características internas — a forma de seus constituintes e as relações entre si — e não nas relações entre esses constituintes e seus significados ou funções, ou entre a língua e seu meio, ou contexto de uso.

Em resumo, o aspecto mais importante que distingue o paradigma formalista do funcionalista é que os formalistas estudam a língua como um sistema autônomo, ao passo que os funcionalistas a estudam em relação à sua função social. Nesse sentido, o Funcionalismo se fundamenta em dois pressupostos gerais:

(i) a língua desempenha funções que são externas ao sistema linguístico;

(ii) essas funções externas contribuem para moldar a organização interna do sistema linguístico.

Embora não ignorem que a língua tenha funções sociais e cognitivas, os formalistas defendem que essas funções não influenciam a estrutura interna da língua.

Como representantes do polo formalista, podem-se citar os linguistas estruturalistas americanos (Bloomfield, Trager, Bloch, Harris, Fries) e, em sua aplicação mais rigorosa, os sucessivos modelos do gerativismo elaborados por Noam Chomsky. No polo funcionalista, encontram-se os expoentes da Escola de Genebra (Bally e Frei), da Escola de Praga (Mathesius, Trubetzkoy, Jakobson, Firbas etc.), da Escola de Londres (Firth e Halliday) e o Grupo da Holanda (Reichiling e Dik), conforme Dirven e Fried (1987).[3]

Nos Estados Unidos, as análises linguísticas explicitamente classificadas como funcionalistas começam a proliferar por volta de 1975, como reação às impropriedades constatadas nos estudos de cunho estritamente formal.

---

3. Para maiores informações sobre esses autores, consultar Lyons (1979) e Neves (1997).

É importante ressaltar que o rótulo "linguística funcional" abriga diferentes modelos teóricos que compartilham entre si a concepção de língua como um instrumento de comunicação que, como tal, deve ser analisada com base em situações reais de uso. Neste livro, focalizamos dois modelos funcionalistas: o que segue a orientação desenvolvida por diversos linguistas da costa oeste dos Estados Unidos e o modelo sistêmico-funcional desenvolvido pelo linguista inglês Halliday. Esses estudiosos compartilham alguns procedimentos analíticos e diferem em outros, como se verá adiante.

Capítulo 1

Situando o funcionalismo

1. A LINGUÍSTICA FUNCIONAL NORTE-AMERICANA

De inspiração em Talmy Givón, Paul Hopper, Sandra Thompson e Wallace Chafe, entre outros, a Linguística Funcional da costa oeste norte-americana defende uma investigação baseada no uso, observando a língua do ponto de vista do contexto linguístico e da situação extralinguística. A ideia central é que a língua é usada, sobretudo, para satisfazer necessidades comunicativas. A explicação para as estruturas gramaticais deve ser procurada no uso real a que elas se prestam na situação de comunicação. Em outras palavras, trabalha-se com a hipótese de que a forma da língua deve refletir, em alguma medida, a função que exerce.

As análises linguísticas que seguem essa orientação funcionalista trabalham diretamente sobre o seguinte postulado básico — *a língua é uma estrutura maleável, sujeita às pressões do uso e constituída de um código parcialmente arbitrário.* Isso significa que a gramática é um "sistema adaptativo" (DU BOIS, 1985), uma "estrutura maleável" (BOLINGER, 1977) e "emergente" (HOPPER, 1987), que se encontra num processo contínuo de variação e mudança para atender a necessidades cognitivas e/ou interacionais de seus usuários. Parte-se, pois, do princípio de que a gramática de uma língua natural é dinâmica, adaptando-se a pressões internas e externas ao sistema linguístico, que continuamente interagem e se confrontam.

A gramática das línguas naturais molda-se a partir das regularidades observadas no uso interativo da língua, as quais são explicadas, por sua vez, com base nas condições discursivas em que se verifica a interação sociocomunicativa. A gramática é, pois, vista como um sistema flexível, fortemente suscetível à mudança e intensamente afetado pelo uso que lhe é dado no dia a dia. Esse modelo funcionalista representa uma tentativa de explicar a forma da língua a partir das funções mais frequentes que ela desempenha na interação. Admite que um grande conjunto de fenômenos linguísticos fundamentais é o resultado da adaptação da estrutura gramatical às necessidades cognitivas e comunicativas dos usuários da língua. Dito de outra maneira, a codificação morfossintática é, em grande parte, resultado do uso da língua. Se a função mais importante da língua é a contínua interação entre as pessoas, que se alternam como falantes e ouvintes, essa função deve, de algum modo, condicionar a forma do código linguístico.

Assim sendo, a gramática é vista como um conjunto de convenções resultantes de motivações de natureza distinta, em que sobressaem as pressões de uso. Admite-se que a gramática de qualquer língua exibe padrões morfossintáticos estáveis, sistematizados pelo uso, ao lado de mecanismos de codificação emergentes, cujos princípios motivadores se busca descrever. Nesse sentido, o surgimento de novas estruturas morfossintáticas é motivado por fatores de natureza comunicativa e cognitiva. Defende-se, portanto, uma forte vinculação entre gramática e discurso, numa tentativa de explicar a forma da língua a partir das funções que ela desempenha na comunicação. A gramática é compreendida e interpretada no discurso, nos diferentes contextos de interação. A sintaxe é então concebida como efeito da cristalização ou regularização de estratégias discursivas recorrentes, na linha de Givón (1979), que afirma que a linguagem humana evoluiu do modo pragmático (ligação frouxa entre as palavras, ausência de morfologia gramatical, estrutura de tópico-comentário) para o modo sintático (subordinação rígida, uso elaborado de morfologia gramatical, estrutura de sujeito-predicado).

Logo, a gramática tem sua origem no discurso, aqui tomado como o conjunto de estratégias criativas empregadas pelo falante para organizar funcionalmente seu texto para um determinado ouvinte em uma determinada situação de comunicação. Para os funcionalistas, a gramática não pode ser compreendida ou estudada sem referência tanto à sua evolução a partir do discurso quanto aos fatores comunicativos que governam seu surgimento. As regras da gramática são modificadas pelo uso (isto é, as línguas mudam) e, portanto, é necessário observar a língua como ela é falada. Na teoria funcionalista, a variação linguística é interpretada como um estágio da trajetória de regularização gramatical das formas linguísticas. Estudar a língua sob a perspectiva discursivo-textual permite, assim, que a gramática seja flagrada em seu funcionamento, evidenciando que ela é a própria língua em uso.

2. A LINGUÍSTICA SISTÊMICO-FUNCIONAL

Outra importante corrente funcionalista é a teoria do linguista inglês Michael A. K. Halliday, denominada Linguística

Sistêmico-Funcional (LSF). Esse modelo espelha-se numa teoria da língua enquanto escolha. É um modo de olhar a língua como ela é usada. No campo dos estudos linguísticos funcionais, como já mencionado anteriormente, a LSF é uma oposição aos estudos formais de cunho mentalista, pois seu foco de interesse é o uso da língua como forma de interação entre os falantes.

Esse modelo, que se desenvolveu a partir dos estudos do antropólogo Malinowiski e do linguista Firth, e que vem sendo desenvolvido por Halliday e seus seguidores, é utilizado, hoje, não apenas para fazer descrições funcionais da língua. Na verdade, tem influenciado estudos em diversas áreas do conhecimento humano, como o trabalho com o letramento visual (KRESS e VAN LEEUWEN, 1996); contribuído com o desenvolvimento de programas de alfabetização para estudantes de escolas primárias e secundárias na Austrália, e com o desenvolvimento de programas de treinamento de empresas, entre outros fins (cf. MARTIN et al., 1997), além de servir de instrumento teórico-metodológico para outras teorias, como a Análise Crítica do Discurso (FAIRCLOUGH, 2001; HEBERLE, 1997; MEURER, 2005) e a Linguística Computacional, por exemplo.

A grande preocupação da LSF é compreender e descrever a linguagem em funcionamento como um sistema de comunicação humana e não como um conjunto de regras gerais, desvinculadas de seu contexto de uso. Para esta corrente teórica, a língua organiza-se em torno de duas possibilidades alternativas: a cadeia (o sintagma) e a escolha (o paradigma). Uma gramática sistêmica é, sobretudo, paradigmática, pois considera as unidades sintagmáticas apenas como realizações linguísticas e as relações paradigmáticas como o nível profundo e abstrato da linguagem. Vale ressaltar que o termo *sistêmica* refere-se às redes de sistemas da linguagem (o sistema de transitividade a ser visto posteriormente, por exemplo). Já o termo *funcional* refere-se às funções da linguagem, que usamos para produzir significados e das quais trataremos mais adiante.

Levar em conta o nível sistêmico implica a consideração de escolhas entre os termos do paradigma com a ideia de que cada escolha produz significados, embora essas seleções nem sempre sejam conscientes. Como afirmam Butt et al. (2001, p. 2), estamos certos de "que, mesmo inconscientemente, as escolhas linguísticas são influenciadas em certos aspectos pelo contexto no qual são usadas". Uma gramática funcional é, por isso, não um conjunto de regras, mas uma série de recursos para descrever, interpretar e fazer significados.

Tendo como objetivo estudar a língua em uso, a LSF analisa sempre produtos autênticos da interação social, aos quais ela chama de *texto*. Segundo Butt et al. (2000, p. 3) "um texto ocorre em dois contextos, um dentro do outro: o contexto de cultura e o contexto de situação".

O *contexto de cultura* é a soma de todos os significados possíveis de fazerem sentido em uma cultura particular. No *contexto de cultura*, falantes e ouvintes usam a linguagem em contextos específicos, imediatos, conhecidos na LSF como *contextos de situação*. A combinação dos dois tipos de contexto resulta em semelhanças e diferenças entre um texto e outro, entre um gênero e outro: uma interação em que se realiza uma compra de cereais não é a mesma em uma cidade do interior e em uma capital, por exemplo; uma interação mediada pelo gênero *palestra* é diferente daquela em que acontece o gênero *sermão*. No contexto de situação, estão as características extralinguísticas dos textos, que dão substância às palavras e aos padrões gramaticais que falantes e escritores usam, consciente ou inconscientemente, para construir os diferentes gêneros, e que os ouvintes e leitores usam para identificar e classificar esses gêneros. Essas diferenças entre os gêneros podem ser atribuídas a três aspectos constitutivos do *contexto de situação* que a LSF denomina de *campo*, *relação* e *modo*.

Campo diz respeito à natureza da prática social; corresponde ao que é dito ou escrito sobre algo; é a atividade que está acontecendo. *Relação* diz respeito à natureza do envolvimento entre os participantes da situação, que pode ser formal ou informal, mais afetiva ou menos afetiva. *Modo* refere-se ao meio, ou canal, de transmissão da mensagem; diz respeito, ainda, ao papel da linguagem na interação (cf. Motta-Roth e Heberle, 2005).

Para ilustrar o *contexto de situação*, apresentamos os aspectos *campo*, *relação* e *modo* do gênero editorial: (i) *campo* — defesa de um ponto de vista representando uma opinião institucional ao público leitor; (ii) *relação* — acontece entre escritor e leitor; o escritor é alguém imbuído de autoridade para opinar, o leitor é o público em geral, que pode aceitar ou não a tese defendida; a distância social entre eles é máxima; (iii) *modo* — é o canal, o meio de veiculação do texto, no caso, a escrita; a linguagem tem papel constitutivo.

Esses parâmetros do contexto de situação afetam nossas escolhas linguísticas porque refletem as três funções que constituem os propósitos principais da linguagem (cf. Halliday, 1985). São as chamadas metafunções: *ideacional*, *interpessoal* e *textual*, que efetivam um dos princípios mais importantes da teoria sistêmico-funcional. De acordo com esse princípio, a organização das línguas naturais possibilita a realização dessas três funções, ou três tipos de significado, presentes em qualquer uso da linguagem. Na LSF, todo texto é multidimensional, realizando mais de um significado simultaneamente, conforme as metafunções que organizam a linguagem. Estas, segundo Halliday e Matthiessen (2004), podem ser assim explicadas:

- A metafunção ideacional representa/constrói os significados de nossa experiência, tanto no mundo exterior (social) quanto no mundo interior (psicológico), por meio do sistema de transitividade, foco de nossa atenção. No exemplo "Diogo **é** paulistano, **tem** 40 anos e **mora** em Veneza [...] Ele **mudou-se** para a Itália em 1987 e foi lá que **escreveu** seus quatro romances [...] Seu estilo afiado **data** dos tempos de estudante..." (*Veja*, n. 24, p. 9, jun. 2003), podemos perceber essa metafunção ao observarmos que os verbos e termos a eles associados (processos e participantes, para a LSF) combinam-se para formar o perfil de alguém, para a construção específica de uma imagem, a qual é desejada pelo autor.

- A metafunção interpessoal representa a interação e os papéis assumidos pelos participantes mediante o sistema de modo (indicativo, imperativo, estruturas interrogativas) e modalidade (auxiliares modais, elementos modalizadores). No exemplo: "Não queremos muito, não. Queremos ser amadas" (*Uma*, n. 33, p. 3, jun. 2003), percebemos essa metafunção através da primeira pessoa do plural, modo indicativo, que une editora da revista e leitora em um só desejo. E também no exemplo "Afinal, existe coisa mais fantástica do que segurar na mão do gato, olhar nos olhos dele e dizer eu te amo?" (*Todateen*, n. 93, p. 4, ago. 2003) em que a forma interrogativa dialoga, direta e explicitamente, com a leitora.

- A metafunção textual está ligada ao fluxo de informação e organiza a textualização por meio do sistema temático. O exemplo: "Tudo o que você precisa saber para deixar os **gatinhos** loucos por seus lábios e pedindo bis. Por falar em **gatos**, a revista está cheia **deles**" (*Todateen*, n. 90, p. 4, maio 2003), ilustra a metafunção textual através do uso de mecanismos de coesão textual, como a retomada do termo "gatinhos" pelo SN "gatos"; o qual, por sua vez, reaparece pronominalmente na oração que encerra o trecho.

Apresentamos exemplos ilustrando separadamente cada metafunção, mas é preciso enfatizar que essas ocorrem simultaneamente e que, na LSF, cada elemento de uma língua é explicado por referência a sua função no sistema linguístico total. Uma gramática funcional é, assim, aquela que constrói todas as unidades de uma língua como configurações de funções e tem cada parte interpretada como funcional em relação ao todo. Na LSF, uma língua é interpretada como um sistema semântico, que compreende todo o seu sistema de significados.

A oração, unidade básica para análise léxico-gramatical na LSF, é a realização simultânea desses três significados: uma *representação* (significado como conteúdo); uma *troca* (significado como forma de ação); e uma *mensagem* (significado como relevância para o contexto). Todas as línguas, nos moldes da LSF, são organizadas em torno de dois significados principais: o ideacional e o interpessoal. Esses significados, a que se associa um terceiro, o textual, são as manifestações no sistema linguístico dos dois propósitos mais gerais que fundamentam os usos da linguagem: entender o ambiente e influir sobre os outros.

Para Halliday, os elementos linguísticos não significam isoladamente. Os significados estão presentes como um todo integrado e são alcançados por meio das escolhas que os falantes fazem frente a outras que poderiam ter sido feitas. Vejamos, como exemplo, o uso de uma sentença transitiva, como "*Muri-*

lo quebrou a vidraça", que transmite um significado; o mesmo processo em uma sentença intransitiva, como *A vidraça quebrou,* significa algo diferente; e, a mesma sentença na voz passiva, *A vidraça foi quebrada por Murilo,* traz informações também diferençadas. Uma gramática funcional destina-se, pois, a revelar, pelo estudo das sequências linguísticas, os significados que estão codificados por essas sequências, já que cada sentença expressa três significados simultaneamente, o ideacional, o interpessoal e o textual, por sua vez relacionados às três funções básicas da linguagem já mencionadas.

Ainda tratando da questão das escolhas e dos significados que estas constroem, na LSF a forma torna-se importante para responder a questões relativas à diferença do efeito comunicativo da mensagem, conseguido por meio da escolha de uma determinada forma e não de outra, e a questões relativas às características do contexto que levam o falante a escolher um elemento léxico-gramatical e não outro. Por exemplo, foram por demais significativas as escolhas feitas (voz passiva e nominalização como complemento do verbo) pelo presidente Lula, à época do escândalo do mensalão, figurando como vítima da história e recusando-se a nomear seus companheiros de partido e suas atividades ilícitas no caso. Em depoimento à nação, ele disse: *"Eu fui traído por práticas inaceitáveis".*

Nessa corrente de pensamento, as referências à situação — contexto de situação — e à estrutura social — contexto de cultura — baseiam-se em uma teoria que relaciona linguagem, situação e cultura, sistematicamente. O foco é sempre o produto autêntico da interação, ou seja, os textos considerados em relação ao contexto social e cultural no qual eles se materializam.

Para a LSF, usamos a linguagem para interagir com o outro, para construir e manter nossas relações interpessoais e a ordem social em que elas ocorrem; fazendo isso, interpretamos e representamos o mundo do outro e de nós mesmos. Essa é uma parte natural de nossas vidas utilizada para *contar* as experiências construídas individual e coletivamente; e é um meio de representar o conhecimento e de construir significados (cf. HALLIDAY e MATTHIESSEN, 2004).

Diante do exposto, podemos concluir dizendo que é interesse maior da LSF o modo como as pessoas usam a linguagem umas com as outras em suas atividades sociais diárias. Esse interesse leva os estudiosos dessa vertente teórica a dirigir a atenção para quatro pontos centrais e constitutivos da linguagem: (1) o uso de uma língua é sempre funcional; (2) as funções são para fazer sentidos; (3) os sentidos são influenciados pelo contexto social e cultural do qual participam; e (4) o processo de uso da linguagem é um processo semiótico, um processo de produzir significado pelas escolhas linguísticas realizadas (cf. EGGINS, 1995).

Ao debruçar-se sobre a língua em uso, a LSF oferece diversas possibilidades de análise do funcionamento de uma dada língua, desde as que conjugam as metafunções, até as mais localizadas, como a do sistema de transitividade, tema deste livro e do qual trataremos mais adiante. Todas, porém, com espectro amplo o suficiente para demonstrar o potencial criativo e diversificado da linguagem quando dela se apropriam os usuários em contextos sociais distintos.

3. DELIMITANDO A TRANSITIVIDADE

De um modo geral, pode-se dizer que os conceitos de regência verbal, valência verbal e transitividade são tratados como sinônimos tanto nas gramáticas tradicionais (cf. CUNHA e CINTRA, 1985; SAID ALI, 1971) como nas gramáticas descritivas (NEVES, 2000; PERINI, 1995, entre outros). De fato, enquanto a gramática tradicional concentra-se no fenômeno da regência, as noções de valência e transitividade são mais exploradas pelas gramáticas descritivas.

No âmbito dos estudos funcionalistas, esses conceitos podem ser definidos como segue:

- regência verbal é a relação de dependência que se dá entre um termo regente (verbo) e um termo regido (complemento). A regência é um fenômeno formal que apenas informa se o verbo pede um objeto (direto ou indireto);

- valência verbal pode indicar o número de argumentos que um verbo seleciona (valência quantitativa), suas funções sintáticas (valência sintática) e seus papéis semânticos (valência semântica);[1]

- transitividade (do latim *transitivus* = que vai além, que se transmite), em seu sentido original, denota a transferência de uma atividade de um agente para um paciente.

Embora seja possível encontrar farto material sobre regência nos compêndios gramaticais, não há neles um capítulo destinado exclusivamente à transitividade, nosso objeto de estudo. A distinção entre verbos transitivos (diretos e indiretos) e intransitivos é comumente abordada na seção que trata de regência.

A transitividade reflete a "maneira como um verbo se relaciona com os Sintagmas Nominais (SN) numa mesma oração" (TRASK, 2004, p. 298). Para a gramática tradicional, a transitividade é uma propriedade do verbo, e não da oração: são tran-

---

1. O termo "argumento" identifica um elemento nominal que mantém relação (sintática e/ou semântica) com o verbo.

sitivos aqueles verbos cujo processo se transmite a outros elementos, que lhes completam o sentido. Por oposição, nos verbos intransitivos "a ação não vai além do verbo" (CUNHA e CINTRA, 1985, p. 132). Ou seja, a classificação de um verbo como transitivo ou intransitivo se apoia na presença ou ausência de um SN objeto (critério sintático) exigido pelo significado do verbo (critério semântico). Conforme a ideia tradicional de transitividade, um verbo transitivo é aquele que descreve uma relação entre dois participantes de tal modo que um dos participantes age sobre o outro. Um verbo intransitivo é aquele que descreve uma propriedade, um estado, ou uma situação que envolve apenas um participante. Na visão tradicional, portanto, os três elementos da transitividade (sujeito, ação, objeto) coocorrem.

Apesar da distinção formal rígida entre verbos transitivos e intransitivos, as gramáticas são unânimes em salientar o fato de que a linha de demarcação entre eles nem sempre pode ser rigorosa. Alguns verbos transitivos podem ser empregados intransitivamente, como *comer* e *beber* em: "*comer carne, beber vinho, o doente não come nem bebe*" (SAID ALI, 1971, p. 165). Para Bechara (2005, p. 415), "um mesmo verbo pode ser usado transitiva e intransitivamente, principalmente quando o processo verbal tem aplicação muito vaga". Cita os exemplos:

"Eles *comeram* maçãs (transitivo)".

"Eles não *comeram* (intransitivo)".

Conclui, então, que "a oposição entre transitivo e intransitivo não é absoluta, e mais pertence ao léxico do que à gramática".

Cunha e Cintra (1985, p. 134) fazem referência ao papel do contexto na aferição da transitividade do verbo: "a análise da transitividade verbal é feita de acordo com o texto e não isoladamente. O mesmo verbo pode estar empregado ora intransitivamente, ora transitivamente". Conclui-se, então, que a transitividade não é uma propriedade intrínseca do verbo enquanto item lexical, mas está sujeita a fatores que ultrapassam o âmbito do Sintagma Verbal (SV).

Ainda outro aspecto, de natureza semântica, contribui para tornar a classificação da transitividade do verbo menos categórica: o fato de que o objeto direto pode desempenhar diferentes papéis semânticos. Assim, esse objeto pode designar a pessoa/coisa que recebe a ação, o resultado ou produto da ação ou o ponto para onde a ação se dirige. Said Ali (1971, p. 95) ressalta que "alguns verbos como *matar, ferir, quebrar*, caracterizam-se por exprimirem atos que dimanam de um ser agente e são recebidos por outro ser paciente: verbos transitivos. Não é possível, contudo, definir com tal critério todos os verbos transitivos." Alguns "não denotam os pacientes ou recipientes dos atos". Cita, como exemplos: *ouvir um ruído, pedir dinheiro, escrever uma carta*.

Pode-se concluir, portanto, que, para efeitos de análise e classificação, há uma diferença fundamental entre uma oração transitiva prototípica e uma oração intransitiva prototípica.[2] Na primeira, o verbo é acompanhado de dois SN, um sujeito-agente que desencadeia a ação e um objeto paciente que é afetado por essa ação, como em *O menino quebrou a vidraça* e *Joana empurrou Pedro*. Por sua vez, na oração intransitiva prototípica, o verbo é acompanhado por apenas um SN sujeito, como em *Joana chorou* e *Pedro partiu*. Vale notar, contudo, que, no uso cotidiano da língua, muitas orações não representam situações prototípicas, como em *Joana está comendo* e *Pedro estuda*. Nesses casos, embora as orações se apresentem como intransitivas,

---

2. O protótipo de uma categoria linguística é aquele membro que apresenta os atributos que identificam essa categoria.

já que há somente um SN sujeito, cabe perguntar o que Joana está comendo e o que Pedro estuda. Embora o significado lexical de *comer* e de *estudar* implique o elemento nominal que é o alvo da ação, esse elemento não é expresso dada a sua irrelevância comunicativa; aqui, é a ação que é particularmente enfatizada. Em outras palavras, verbos como *comer* e *estudar* admitem tanto uma manifestação transitiva quanto uma intransitiva, como podemos perceber, se comparamos as orações acima com *Joana está comendo pizza* e *Pedro estuda inglês*. Logo, a transitividade pode ser analisada de uma perspectiva sintática, considerando a forma da oração (verbo acompanhado de um ou dois SN), e de uma perspectiva semântica, observando o elemento afetado pela ação verbal.

Pelo que foi visto até agora, o conceito de transitividade, tal como elaborado na gramática tradicional, apresenta alguns pontos problemáticos em sua aplicação aos dados da língua em uso, entre os quais dois se destacam:

(i) diferentemente do que reza a gramática tradicional, a transitividade não é uma propriedade inerente de um dado verbo. Dependendo do contexto de uso, um mesmo verbo pode variar entre uma classificação transitiva ou intransitiva. O SN que é sintaticamente analisado como objeto direto pela gramática tradicional nem sempre funciona semanticamente como paciente da ação verbal, afastando-se do caso característico, ou prototípico;

(ii) em contraposição à conceituação de verbos transitivos pela gramática tradicional, na avaliação da transitividade interagem elementos tanto de natureza sintática (presença/ausência de SN complemento), quanto semântica (papel semântico do objeto) e pragmática (uso textual do verbo).

Tendo examinado o conceito de transitividade verbal da forma como ele é tratado na gramática tradicional e tendo apresentado as críticas que essa abordagem pode suscitar, nos capítulos seguintes deste livro vamos trabalhar com a noção de transitividade tal como proposta pela Linguística Funcional norte-americana e pela LSF.

Capítulo 2

A transitividade segundo a Linguística Funcional norte-americana

Uma alternativa de análise para a questão da transitividade é fornecida pelo quadro teórico da linguística funcional norte-americana, representada principalmente por Givón, Hopper, Thompson, Chafe e associados. De acordo com essa abordagem, a transitividade é entendida não como uma propriedade categórica do verbo, como defende a gramática tradicional, mas como uma propriedade contínua, escalar (ou gradiente), da oração como um todo. É na oração que se podem observar as relações entre o verbo e seu(s) argumento(s) — a gramática da oração.

Segundo esse modelo teórico, o fenômeno da transitividade apresenta um componente semântico e um componente sintático. Uma oração transitiva descreve um evento que potencialmente envolve pelo menos dois participantes, um agente que é responsável pela ação, codificado sintaticamente como sujeito, e um paciente que é afetado por essa ação, codificado sintaticamente como objeto direto. Esses participantes são chamados de argumentos do verbo. Do ponto de vista semântico, o evento transitivo prototípico é definido pelas propriedades do agente, do paciente e do verbo envolvidos na oração que codifica esse evento. Em princípio, a delimitação das propriedades desses três elementos é uma questão de grau. Do ponto de vista sintático, todas as orações — e verbos — que têm um objeto direto são transitivas; as que não o têm são intransitivas. Desse modo, se uma oração codifica um evento semanticamente transitivo, o agente do evento é o sujeito da oração e o paciente do evento é o objeto direto da oração. Contudo, a manifestação discursiva de um verbo potencialmente transitivo depende de fatores pragmáticos, como a perspectiva a partir da qual o falante interpreta e comunica o evento narrado. Por exemplo, um mesmo evento pode ser transmitido do ponto de vista do agente responsável pela ação, como em (1) abaixo, ou do ponto de vista do objeto afetado por essa ação, como em (2):

(1) O menino quebrou a vidraça.

(2) A vidraça foi quebrada pelo menino.

A oração, construída em torno de um elemento predicativo, tem sido tomada como a unidade básica de organização da descrição sintática. Frequentemente, mas nem sempre, esse elemento predicativo — nesse caso, o verbo — é acompanhado de um ou mais elementos nominais — seus argumentos. Por exemplo, na oração *O beija-flor voou* há um elemento predicativo (*voou*) acompanhado por um elemento nominal (*o beija-flor*). Na oração *O menino quebrou a vidraça* há um elemento predicativo (*quebrou*) acompanhado de dois elementos nominais (*o menino* e *a vidraça*).

Segundo Chafe (1979), o universo conceptual humano está dividido em duas grandes áreas: a do verbo e a do nome. A área do verbo é central e compreende estados (condições, qualidades) e eventos; a área do nome é periférica e compreende "coisas" (objetos físicos e abstrações coisificadas). A centralidade do verbo pode ser justificada com base em alguns pontos listados por Chafe. Primeiramente, nas línguas naturais há sempre um verbo semanticamente presente nos enunciados, o que significa que a classe dos verbos é um universal linguístico, na medida em que está presente em todas as línguas conhecidas. Embora o verbo seja comumente acompanhado por um ou mais nomes — seus argumentos —, há orações em que apenas um verbo está presente, como *Saia!*, por exemplo. Em segundo lugar, é a natureza semântica do verbo que determina como a oração deverá ser formada: que nomes podem acompanhar o verbo, que relação sintática esses nomes mantêm com o verbo (sujeito, objeto etc.) e que papel semântico (agente, paciente etc.) esses nomes desempenham. Assim, se o verbo representar uma ação, como em *O beija-flor voou*, o verbo exige que um nome o acompanhe, que esse nome estabeleça com ele uma relação de agente e que se refira a um ser animado. Esses critérios demonstram que é o verbo que determina a presença e a natureza do nome, e não o contrário. Chafe conclui que a oração é ou um verbo isolado, ou um verbo acompanhado por um ou mais nomes. Nesse sentido, descrever orações é descrever também todos os tipos de verbo, pois esses constituem o centro semântico, o esquema proposicional da oração. Logo, o verbo é o ponto de partida da descrição da gramática de uma língua.

Os verbos que denotam ações executadas por um agente representam os verbos prototípicos, como *partir, voar, comer, chorar* e *empurrar*. Os verbos que se afastam do protótipo são aqueles em que o SN sujeito não desempenha o papel semântico de agente, como *ver, morrer, cair, entender* e *saber*, por exemplo. A propriedade fundamental do verbo é que ele sempre vem acompanhado de um ou mais SN. Em português, são poucos os verbos que não cumprem essa exigência, como aqueles que denotam fenômenos da natureza (*chover, anoitecer* etc.), por exemplo.

A noção revisitada e ampliada de transitividade, formulada pela Linguística Funcional norte-americana, é fundamental para o entendimento de como a gramática do verbo e seus argumentos se manifesta em textos reais produzidos em situação de comunicação. Nas próximas seções, vamos examinar as propostas de Givón, Hopper e Thompson, linguistas funcionalistas que estudam a transitividade, bem como analisar a transitividade em orações do português falado do Brasil, aplicando a proposta desses estudiosos e contrapondo-a à da gramática tradicional.

A TRANSITIVIDADE SEMÂNTICA DOS VERBOS: A ANÁLISE DE GIVÓN

Givón (2001) descreve a transitividade como um fenômeno complexo que envolve os componentes sintático e semântico. O evento transitivo prototípico é definido pelas propriedades semânticas do agente, paciente e verbo na oração-evento, respectivamente:

a) Agentividade: ter um *agente* intencional, ativo;

b) Afetamento: ter um *paciente* concreto, afetado;

c) Perfectividade: envolver um evento concluído, pontual.

Givón enfatiza que todos os três traços semânticos são, em princípio, uma questão de grau. Desse modo, os verbos transitivos podem ser subclassificados de acordo com a mudança física discernível registrada no estado do paciente. São de Givón (1984, p. 96-7) os seguintes exemplos:

Transitividade e seus contextos de uso

(3) Objeto criado:

    a. He built a house. 'Ele construiu uma casa'.

    b. She made a dress. 'Ela fez um vestido'.

(4) Objeto totalmente destruído:

    a. They demolished the house. 'Eles demoliram a casa'.

    b. They evaporated the water. 'Eles evaporaram a água'.

(5) Mudança física no objeto:

    a. She sliced the salami. 'Ela fatiou o salame'.

    b. They bleached his hair. 'Eles tingiram o cabelo dele'.

(6) Mudança de lugar do paciente:

    a. They moved the barn. 'Eles mudaram o celeiro'.

    b. He rolled the wheelbarrow. 'Ele empurrou o carrinho de mão'.

(7) Mudança superficial:

    a. She washed his shirt. 'Ela lavou a camisa dele'.

    b. He bathed the baby. 'Ele banhou o bebê'.

(8) Mudança interna:

    a. They heated the solution. 'Eles aqueceram a solução'.

    b. He chilled the meat. 'Eles resfriaram a carne'.

(9) Mudança com um instrumento implicado:

    a. He hammered the nail (hammer). 'Ele martelou o prego (martelo)'.

    b. She kicked the wall (foot). 'Ela chutou a parede (pé)'.

(10) Mudança com modo implicado:

    a. They murdered her ('kill' with intention).

    'Eles a assassinaram ('matar' com intenção)'.

    b. She smashed the cup ('break' completely)'.

    'Ela espatifou a xícara ('quebrar' completamente)'.

Outros verbos que pertencem sintaticamente a esse grupo, ou seja, que apresentam sujeito e objeto, podem, contudo, desviar-se do verbo transitivo prototípico quer em termos do grau em que a mudança no objeto é física, óbvia, concreta, acessível à observação, quer em termos do agente-sujeito. Caberia, então, a pergunta: por que os verbos semanticamente desviantes aparecem, em muitas línguas, incluindo o português e o inglês, na mesma classe sintática do verbo transitivo prototípico? Givón fornece duas possibilidades de resposta:

(i) Transitividade é uma questão de grau, em parte porque a percepção da mudança no objeto é uma questão de grau, e em parte porque depende de mais de uma propriedade;

(ii) Quando um verbo desviante é codificado sintaticamente como um verbo transitivo prototípico, o usuário da língua interpreta suas propriedades como sendo semelhantes, análogas ao protótipo. Esse fenômeno é conhecido como extensão metafórica (Givón, 1984, p. 98).

A título de ilustração, vejamos, primeiramente, alguns casos de desvio que envolvem o objeto:

(11) a. She swam the Channel (= swim *across* the Channel).

    'Ela nadou o Canal (= nadar *através* do Canal)'.

b. She entered the house (= go *into* the house).

Ela adentrou a casa (= ir *para dentro* da casa)'.

(12) a. He fed the cows (gave them food).

'Ele alimentou as vacas (deu-lhes comida)'.

b. They dusted the crops (put dust on the crops).

'Eles pulverizaram as plantações (puseram pó nas plantações)'.

Nas orações em (11), o objeto direto superficial ('o canal' e 'a casa') é, de fato, o ponto de referência locativo para o movimento espacial do sujeito, indicado pelo uso da preposição (*across* 'através' e *into* 'para dentro'). Segundo Givón, ao codificar esses eventos com um objeto direto, o falante salienta a mudança no objeto, que é considerado mais importante para a realização do evento do que se fosse um simples ponto de referência locativo. Assim, *entering a house* ('adentrar uma casa') não é apenas *moving into a house* ('mover-se para dentro de uma casa'), mas enfatiza a alteração da condição da casa de "vazia" para "ocupada". Do mesmo modo, *swimming the Channel* ('nadar o Canal') não é um mero movimento através do Canal, mas uma "conquista" do Canal. Ou seja, nessas orações o falante toma a perspectiva do locativo e o constrói (ou interpreta) como o paciente da ação verbal, através de um processo de extensão metafórica. Nas orações em (12), por sua vez, o paciente semanticamente mais plausível é suprimido, em geral porque ele é previsível ou forma a base para um verbo derivado de um substantivo (*food/feed* 'alimento/alimentar', *dust/dust* 'pó/pulverizar'). Uma vez que o "verdadeiro" objeto direto está semanticamente ou morfemicamente incorporado ao verbo, o recipiente/locativo semântico é então analisado como objeto direto.

Logo, a codificação transitiva de (11-12) resulta do fato de que a mudança na perspectiva a partir da qual o evento é interpretado, juntamente com a previsibilidade do objeto direto, torna possível codificar sintaticamente esses verbos como transitivos prototípicos.

Outros casos de desvio envolvem o sujeito do verbo transitivo. Isso se dá, em geral, com verbos de cognição, sensação ou volição, cujo objeto não registra nenhuma mudança ou impacto observável. De fato, é o sujeito-experienciador que registra alguma mudança interna/cognitiva. Pertencem a essa classe os verbos *ver, ouvir, saber, entender, querer, sentir* (*see, hear, know, understand, want, feel*), que, semanticamente, aproximam-se mais de estados do que de ações. A extensão metafórica desses verbos para a classe de transitivo prototípico explica-se em termos de o sujeito ser ou um agente ou um experienciador, isto é, um humano-animado cuja importância no evento é alta, e cujo campo perceptual é estendido para o objeto, que é então metaforicamente interpretado como afetado pela ação verbal.

O desvio da transitividade prototípica pode-se dar também quando o sujeito e o objeto são igualmente o agente e o paciente de verbos inerentemente recíprocos. Vamos aos exemplos de Givón:

(13) a. John met Mary. 'João encontrou Maria'.

b. John kissed Mary. 'João beijou Maria'.

Nessas orações, um dos coagentes é analisado como sujeito/agente e o outro como objeto/paciente. Trata-se, outra vez, de uma questão de perspectiva na interpretação do evento: um dos participantes é considerado como mais importante e é codificado como sujeito. O conflito gerado pela presença de dois agentes e a ausência de um paciente claramente definido pode ser resolvido de dois modos:

(i) "rebaixando" um dos agentes para o *status* de paciente e alinhando a oração à transitividade canônica, como em (14);

(ii) "destransitivizando" o verbo e construindo ambos os agentes como sujeitos coordenados, como em (15):

(14) John met with Mary. 'João encontrou com Maria'.

(15) John and Mary kissed. 'João e Maria se beijaram'.

A estratégia (i) responderia pela codificação, corrente no português atual, do verbo *namorar*, tradicionalmente classificado como transitivo direto:

(16) ...**eu namorei muito tempo com:: esse vizinho** aqui... lá da outra casa... (*Corpus Discurso & Gramática*, p. 226).

Logo, o desvio da transitividade prototípica está associado à semântica lexical dos verbos. Como se vê, a proposta de Givón concebe a transitividade como uma noção gradiente, e não dicotômica como na Gramática Tradicional. Centrada no significado lexical do verbo, a transitividade prototípica reflete o afetamento total do objeto. Os verbos cujo significado não implica mudança de estado ou localização do objeto se afastam do padrão prototípico e, consequentemente, exibem menor grau de transitividade.

Vale observar, contudo, que o grau de afetamento do objeto depende não só da semântica do verbo, mas também de outros elementos presentes na oração, como a completude da ação verbal e a definitude ou individuação do objeto, por exemplo. A esse propósito, comparem-se:

(17) a. They build houses. 'Eles constroem casas'.

b. They would demolish the house. 'Eles demoliriam a casa'.

As orações do exemplo (17) não asseveram o afetamento do objeto, já que ou a ação verbal não se dirige a uma casa específica, referencial (17a), ou não se realizou (17b). Esses pontos serão retomados na seção seguinte.

2. A TRANSITIVIDADE DA ORAÇÃO: A PROPOSTA DE HOPPER E THOMPSON

Ao estudar a estrutura da narrativa e o modo pelo qual ela se identifica com determinadas formas gramaticais, Hopper e Thompson (1980) formulam a transitividade como uma noção contínua, escalar, não categórica. Diferentemente do ponto de vista da gramática tradicional, para esses autores não há necessidade da ocorrência dos três elementos — sujeito, verbo, objeto — para que uma oração seja transitiva. A transitividade é concebida como um complexo de dez parâmetros sintático-semânticos independentes, que focalizam diferentes ângulos da transferência da ação em uma porção diferente da oração. Embora independentes, os dez traços da transitividade funcionam juntos e articulados na língua, o que significa que nenhum deles sozinho é suficiente para determinar a transitividade de uma oração. São eles:

Quadro 1

Parâmetros da transitividade

Parâmetros	Transitividade Alta	Transitividade Baixa
1. Participantes	Dois ou mais	Um
2. Cinese	Ação	Não ação
3. Aspecto do verbo	Perfectivo	Não perfectivo
4. Pontualidade do verbo	Pontual	Não pontual
5. Intencionalidade do sujeito	Intencional	Não intencional
6. Polaridade da oração	Afirmativa	Negativa
7. Modalidade da oração	Modo realis	Modo irrealis
8. Agentividade do sujeito	Agentivo	Não agentivo
9. Afetamento do objeto	Afetado	Não afetado
10. Individuação do objeto	Individuado	Não individuado

Cada componente da transitividade envolve uma faceta diferente da eficácia ou intensidade com que a ação é transferida de um participante para outro, como demonstrado a seguir:

a. **Participantes**: não pode haver transferência a menos que dois participantes estejam envolvidos.

b. **Cinese**: ações podem ser transferidas de um participante a outro; estados, não. Assim, algo acontece com Pedro em *Eu abracei Pedro*, mas não em *Eu admiro Pedro*.

c. **Aspecto**: uma ação vista do seu ponto final, isto é, uma ação perfectiva ou télica, é mais eficazmente transferida para um participante do que uma ação que não tenha término. Na oração télica *Eu comi o sanduíche*, a atividade de comer é apresentada como completa e a transferência é totalmente realizada; mas na oração atélica *Eu estou comendo o sanduíche*, a transferência é realizada apenas parcialmente.

d. **Pontualidade**: ações realizadas sem nenhuma fase de transição óbvia entre o início e o fim têm um efeito mais marcado sobre seus pacientes do que ações que são inerentemente contínuas. Veja-se, por exemplo, o contraste entre *chutar* (pontual) e *carregar* (não pontual).

e. **Intencionalidade**: o efeito sobre o paciente é tipicamente mais aparente quando a ação do agente é apresentada como proposital. Contraste, por exemplo, *Eu escrevi seu nome* (intencional) com *Eu esqueci seu nome* (não intencional).

f. **Polaridade**: ações que aconteceram (oração afirmativa) podem ser transferidas, ações que não aconteceram (oração negativa), não. Em *O menino não comeu o sanduíche*, por exemplo, a oração está na negativa, o que indica que a transferência da ação não aconteceu.

g. **Modalidade**: esse parâmetro refere-se à distinção entre a codificação "realis" e "irrealis" de eventos. Uma ação que não ocorreu, ou que expressa um evento hipotético, ou ainda que é apresentada como tendo ocorrido em um mundo não real, contingente, incerto, é obviamente menos eficaz do que uma ação cuja ocorrência é de fato asseverada como correspondendo a um evento real. Em *Maria vai comprar um vestido novo*, o verbo está no tempo futuro, o que indica que a ação de comprar ainda não ocorreu; a oração é marcada como irrealis.

h. **Agentividade**: participantes que têm agentividade alta podem efetuar a transferência de uma ação de um modo que participantes com baixa agentividade não podem. Assim, a interpretação normal de *João me assustou* é de um evento perceptível com consequências perceptíveis, mas *O filme me assustou* poderia ser somente uma questão de um estado interno.

i. **Afetamento**: o grau em que uma ação é transferida para um paciente é uma função de quão completamente esse paciente é afetado. Assim, por exemplo, o afetamento é mais efetivo em *Eu bebi o leite todo* do que em *Eu bebi um pouco do leite*.

j. **Individuação**: esse componente refere-se tanto ao fato de o paciente ser distinto do agente quanto à distinção entre o paciente e o fundo em que ele se encontra. Assim, os referentes dos substantivos que têm as propriedades à esquerda no Quadro 2, a seguir, são mais altamente individuados do que aqueles com as propriedades à direita:

Quadro 2
Propriedades da individuação

INDIVIDUADO	NÃO INDIVIDUADO
Próprio	Comum
Humano, animado	Inanimado
Concreto	Abstrato
Singular	Plural
Contável	Incontável
Referencial, definido	Não referencial

Uma ação pode ser mais eficazmente transferida para um paciente que é individuado do que para um que não é; desta forma, um objeto definido é considerado como mais completamente afetado do que um objeto indefinido. Como explicam Hopper e Thompson (1980, p. 253), em *Pedro bebeu a cerveja*, há uma implicação de que ele consumiu toda a cerveja disponível; mas em *Pedro bebeu alguma cerveja* é difícil obter essa implicação (essa implicação só seria possível, por exemplo, em uma situação em que houvesse tão pouca cerveja que beber alguma seria equivalente a acabar com ela). O mesmo acontece com pacientes animados e inanimados: em *Eu me choquei com Pedro* é provável que haja um foco de atenção no efeito do evento em Pedro, ou em ambos os participantes ("eu" e "Pedro"); mas em *Eu me choquei com a mesa*, é menos provável que algo tenha acontecido com a mesa, e mais provável que o efeito sobre o agente ("eu") esteja sendo ressaltado.

Considerada, portanto, no seu sentido literal — como a transferência de uma ação de um participante para outro — a transitividade pode ser decomposta em suas partes componentes, cada uma delas focalizando uma faceta dessa transferência em uma porção diferente da oração.

Cada um desses parâmetros contribui para a ordenação de orações na escala de transitividade, de acordo com o grau de transitividade que manifestam. Assim, é toda a oração que é classificada como transitiva, e não apenas o verbo. Tomados em conjunto, esses parâmetros permitem que as orações sejam classificadas como *mais* ou *menos* transitivas: quanto mais traços de alta transitividade uma oração exibe, tanto mais transitiva ela é. A oração transitiva canônica — a mais alta na escala de transitividade — é aquela em que os dez traços são marcados positivamente. Logo, a aferição do grau de transitividade de uma oração é feita atribuindo-se um ponto a cada parâmetro de alta transitividade presente na oração (cf. Quadro 1).

Cabe observar que os parâmetros que caracterizam a oração transitiva estão relacionados ao evento causal prototípico, definido como um evento em que um agente animado intencionalmente causa uma mudança física e perceptível no estado ou locação de um objeto (SLOBIN, 1982). São esses os eventos que a criança primeiro percebe e codifica gramaticalmente. Há, portanto, uma correlação entre os traços que caracterizam o evento causal prototípico e os parâmetros que identificam a oração transitiva canônica. O grau de transitividade de uma oração reflete o grau de saliência cognitiva da ação transferida de um agente para um paciente. Logo, a universalidade do complexo de transitividade parece residir no fato de que os parâmetros que o compõem refletem elementos cognitivamente salientes, ligados ao modo pelo qual a experiência humana é apreendida.

A título de ilustração, serão apresentados aqui alguns exemplos de Hopper e Thompson (1980, p. 253-4):

(18) a. Jerry knocked Sam down. 'Jerry nocauteou Sam'.

b. Jerry likes beer. 'Jerry aprecia cerveja'.

c. There were no stars in the sky. 'Não havia estrelas no céu'.

d. Susan left. 'Susan partiu'.

Segundo a formulação de Hopper e Thompson, (18a) ocupa lugar mais alto na escala de transitividade (grau 10), uma vez que contém todos os dez traços do complexo: dois participantes (*Jerry* e *Sam*), verbo de ação (*knocked*), aspecto perfectivo (ação completa), verbo pontual (não durativo), sujeito intencional, oração afirmativa, oração realis (modo indicativo), sujeito agente (*Jerry*), objeto afetado e individuado (*Sam* — referencial, humano, próprio, singular).

Ocupando o segundo lugar na escala de transitividade, temos (18d), classificada como intransitiva pela gramática tradicional. Essa oração contém sete traços (grau 7 de transitividade): cinese, aspecto perfectivo, verbo pontual, sujeito intencional, polaridade afirmativa, modalidade realis, sujeito agente.

(18b) está mais abaixo na escala (grau 5 de transitividade): não tem ação, perfectividade, pontualidade, afetamento e individualização do objeto. Por último, a oração com menor grau de transitividade (grau 2) é (18c), que só apresenta os traços modalidade (realis) e perfectividade.

Vale notar que, pela classificação da gramática tradicional, as três primeiras orações de (18) são transitivas, pois apresentam um objeto como complemento do verbo: *Sam*, *cerveja* e *estrelas*, respectivamente.

Do que foi exposto, conclui-se que as abordagens da gramática tradicional e da linguística funcional norte-americana ao fenômeno da transitividade são divergentes: enquanto aquela trata a transitividade como uma propriedade inerente e categórica do verbo, esta a concebe como uma propriedade gradiente da oração como um todo.

Há também semelhanças e diferenças entre as abordagens funcionalistas de Chafe, Givón e Hopper e Thompson. Em primeiro lugar, Chafe não formulou uma proposta específica para a transitividade, como os outros três linguistas. O que os aproxima é o fato de compartilharem os mesmos pressupostos teóricos a respeito da relação forma-função, da maleabilidade da língua e da plasticidade da gramática, da origem da gramática no discurso e da defesa de uma Linguística Baseada no

Uso, em que se levam em consideração as determinações do contexto linguístico e da situação extralinguística. Por outro lado, o trabalho de Chafe (1979) sobre a estrutura semântica do verbo em inglês tornou-se um clássico na área e tem servido como referência para muitos estudos sobre a relação entre o verbo e seus complementos nominais.

No que diz respeito aos modelos de Givón e Hopper e Thompson, os pontos em comum estão representados pela descrição sintática e semântica da transitividade, pelo tratamento gradiente, escalar, desse fenômeno, pela utilização da noção de prototipicidade *versus* desvio, pela consideração de aspectos comunicativos (propósitos interacionais do falante e sua percepção das necessidades informativas de seu interlocutor) e cognitivos (apreensão e codificação da experiência humana) na manifestação da transitividade. As diferenças devem-se ao fato de que Givón se concentra nas propriedades do agente, do paciente e do verbo, e não focaliza a oração como um todo, embora reconheça a interferência de aspectos oracionais sobre o afetamento do objeto. De fato, seu foco privilegiado de análise recai sobre a (sub)classificação dos verbos de acordo com o grau de mudança física registrada no estado do paciente.

3. ANÁLISE DA TRANSITIVIDADE EM DADOS DO PORTUGUÊS FALADO DO BRASIL

Nesta seção, vamos analisar a transitividade em orações do português do Brasil, aplicando a proposta de Hopper e Thompson (1980) e confrontando-a com a da gramática tradicional, e fazendo uso das propriedades semânticas do agente, paciente e verbo na oração-evento, tal como formuladas por Givón (2001).

Paralelamente aos exemplos do inglês discutidos em (18) anteriormente, vejamos algumas orações do português, retiradas de uma narrativa que reconta o filme *Batman*, publicada no *Corpus Discurso & Gramática* (FURTADO DA CUNHA, 1998), doravante *Corpus D&G*:

(19) a. Batman derrubou o Pinguim com um soco.

b. Mulher Gato não gostava do Batman.

c. Esse rio tem uma forte correnteza.

d. Então o Pinguim chegou na festa.

Pela formulação de Hopper e Thompson, a oração em (19a) é a que ocupa o ponto mais alto na escala de transitividade (grau 10), pois contém todos os dez traços do complexo: dois participantes (*Batman* e *Pinguim*), verbo de ação (*derrubou*), aspecto perfectivo (ação concluída), verbo pontual (ação não durativa), sujeito intencional (*Batman*), oração afirmativa, oração realis (modo indicativo), sujeito agente (*Batman*), objeto afetado e individuado (*o Pinguim* — substantivo referencial, humano, próprio, singular). Seguindo a classificação da gramática tradicional, as três primeiras orações em (19) são transitivas, pois apresentam um objeto como complemento do verbo: *o Pinguim, Batman* e *uma forte correnteza*, respectivamente.

Ocupando o segundo lugar na escala de transitividade, temos a oração (19d), classificada como intransitiva pela gramática tradicional. Essa oração apresenta sete traços do complexo (grau 7): verbo de ação (*chegou*), aspecto perfectivo (ação concluída), verbo pontual (ação não durativa), sujeito intencional (*o Pinguim*), polaridade afirmativa, modalidade realis (modo indicativo) e sujeito agente (*o Pinguim*).

A oração em (19b) posiciona-se mais abaixo na escala, pois apresenta três traços positivos (grau 3): dois participantes (*Mulher Gato* e *Batman*), objeto individuado (*Batman*) e modalidade realis (modo indicativo). Finalmente, a oração com menor grau de transitividade (grau 2) é a (19c), que só apresenta os traços modalidade realis e polaridade afirmativa.

Vejamos mais algumas ocorrências. Tomemos, primeiramente, os verbos que, pela sua própria semântica, referem-se à transferência da atividade de um agente para um paciente que é totalmente afetado, ou seja, os verbos que, em princípio, seriam prototipicamente transitivos. Uma análise qualitativa do *Corpus D&G*, que nos serve como fonte de dados, forneceu uma divisão preliminar em dois grandes grupos: o das orações com dois participantes expressos e o das orações com apenas um participante expresso. Cada um desses grupos foi posteriormente subdividido de acordo com características manifestas do sujeito e do objeto, como veremos a seguir.

I. Orações com dois participantes expressos

Esse tipo de oração pode abarcar as seguintes combinações:

1. sujeito agente + objeto paciente afetado (oração transitiva prototípica);
2. sujeito agente + objeto paciente não afetado;
3. sujeito agente + objeto não paciente;
4. sujeito não agente + objeto paciente afetado;
5. sujeito não agente + objeto não paciente.

Passemos aos exemplos. No trecho seguinte, a informante narra um acidente de carro:

(20) ... aí quando meu pai viu que o carro ia virar... aí... virar não... que ia bater... aí...**segurou a barriga da minha mãe**... e **empurrou o banco da frente** que minha tia estava... o empurrão foi tão grande que ela entrou pra dentro das ferragens do carro... aí eu sei que... e ela ficou dentro do... das ferragens do carro... fratu/**fraturou a perna**... sabe? Foi uma luta pra tirar ela de dentro do carro... **o motorista... primo da minha mãe quebrou... o... a cara toda**... o rosto... sabe? ficou só os pedaços... (*Corpus D&G*, p. 222).

As duas primeiras orações em negrito apresentam todos os traços de alta transitividade (tipo 1), a saber: dois participantes (*meu pai* e *a barriga da minha mãe*, e *meu pai* e *o banco da frente*), verbo de ação (*segurou* e *empurrou*), aspecto perfectivo (ação concluída), verbo pontual (ação não durativa), sujeito intencional (*meu pai*, em ambos os casos), oração afirmativa, oração realis (modo indicativo), sujeito agente (*meu pai*, nas duas orações), objeto afetado e individuado (*a barriga da minha mãe* e *o banco da frente*). As duas últimas orações em negrito têm grau menor de transitividade porque seu sujeito é não agentivo (tipo 4) e não intencional; na verdade, tanto a tia da informante quanto o primo da sua mãe sofrem os efeitos da ação verbal em uma parte do seu corpo. Assim, as orações com *segurou* e *empurrou* representam as transitivas prototípicas, já que têm todos os parâmetros de alta transitividade, localizando-se no ponto superior da escala (grau 10), e as orações com *fraturou* e *quebrou* posicionam-se abaixo delas (grau 8), por terem os traços agentividade e intencionalidade do sujeito marcados negativamente.

É importante ressaltar que a simples presença de agente intencional e de paciente afetado não é garantia do grau máximo de transitividade da oração, como se pode ver em (21), que, por apresentar verbo não pontual (ação contínua) e imperfectivo (ação habitual), recebe grau 8, embora tenha todos os outros traços do complexo marcados positivamente: dois participantes (*eu* e *aquilo*), verbo de ação (*falava*), sujeito intencional (*eu*), oração afirmativa, oração realis (modo indicativo), sujeito agente (*eu*), objeto efetuado[1] e individuado (*aquilo*).

> (21) ... mas... **eu sempre falava aquilo** brincando... eu falava que era burro de carga... reclamava... mas brincando... no fundo... no fundo... eu até gosto de ajudar... (*Corpus D&G*, p. 178).

O trecho em (22) contém o tipo 2. Temos, aí, dois participantes nominais relacionados ao verbo (*o plenário* e *a pessoa*), mas o objeto paciente não é afetado porque a oração é apresentada como hipotética, irrealis, codificada pela conjunção condicional *se*. Em outras palavras, se a ação não ocorreu, o objeto não sofreu mudança de estado. Logo, o afetamento do paciente depende da atuação de outros traços do complexo de transitividade, além de agentividade e cinese. Essa oração situa-se no ponto 7 da escala, sendo marcada negativamente para afetamento do objeto, aspecto do verbo e modalidade da oração.

> (22) ... sempre todo congresso tem uma nova eleição... né... e nesse... sim... tava tendo lá... né... a gente tinha uma chapa que de última hora desistiu um cara lá... Ribamar [...] teve uma discussão lá pra ver se colocava um cara no lugar de Ribamar ou se não... **se o**

---

1. O objeto direto de um verbo de enunciação, como *falar*, é criado pela ação do verbo, e não transformado, como acontece com os outros verbos de ação. Hopper (1985) chama esse caso de objeto efetuado, para distingui-lo do objeto afetado.

plenário na sessão indicava a pessoa e tudo mais... (*Corpus D&G*, p. 178).

Passemos ao tipo 3, em que o sujeito é agente mas o objeto não é paciente, como no exemplo seguinte, retirado de um trecho em que o informante narra a entrega do prêmio que ganhou num congresso batista. Em (23) temos a reprodução, em discurso direto, da fala do presidente da associação:

(23) "... eu quero o congressista modelo... não é... o congressista que mais participa... que tava presente em tudo... que tá sempre ali ajudando a algum jovem... a organizar as coisas [...] então **eu observei isso** em uma pessoa..." (*Corpus D&G*, p. 180)

Embora envolva agentividade, a interpretação semântica de *observar* não implica o caso paciente: o objeto desse verbo não registra nenhuma mudança de estado perceptível. Vale salientar que *isso* é um elemento anafórico, que se refere a vários comportamentos esperados de um candidato potencial a congressista modelo: participação, presença, disponibilidade, organização etc. Essa oração tem grau 6 de transitividade, sendo marcada negativamente para cinese, pontualidade, afetamento e individuação do objeto.

Finalmente, o último tipo do grupo I está representado em (24), em que o sujeito não é agente e o objeto não é paciente:

(24) ... já no último dia... eu fiquei sabendo que a gente tava ,concorrendo com três igrejas só... [...] e aí começou a ficar mais animado e tudo porque **eu queria esse prêmio** de todo jeito pra ela... lá pra igreja... né... (*Corpus D&G*, p. 178).

O verbo *querer*, assim como os verbos de cognição e sensação, está semanticamente mais próximo de um estado do que de uma ação: tem sujeito experiencial e seu objeto, mesmo não sendo um paciente afetado, é codificado como o objeto prototípico de uma oração transitiva devido a um processo de extensão metafórica. A oração em negrito em (24) localiza-se no ponto 4 da escala de transitividade, com marcação negativa dos parâmetros cinese, intencionalidade, agentividade, pontualidade, afetamento e individuação do objeto.

É importante observar que, pela classificação da gramática tradicional, todas as orações em negrito de (20-24) são igualmente transitivas. Segundo a formulação de Hopper e Thompson, essas orações ordenam-se uma escala, apresentando graus diferentes de transitividade.

Os exemplos analisados até aqui sugerem que as orações transitivas prototípicas não são muito frequentes no discurso espontâneo (2, em um total de 9 orações). Nos dados do *Corpus D&G* verifica-se uma forte tendência a eliminar o objeto paciente da ação verbal, ou porque ele é recuperável do contexto precedente, ou porque sua exata identidade é irrelevante para o que se quer comunicar.[2] Note-se que a eliminação do objeto direto pode acarretar a ausência (o que implica marcação negativa) de três parâmetros do complexo de transitividade relacionados ao objeto: participantes, afetamento e individuação do objeto. Isso nos leva ao segundo grupo de orações.

II. Orações com um participante expresso

Pertencem a este grupo aquelas orações em que o verbo projeta uma moldura semântica transitiva, mas apresenta apenas

---

2. Ver, a esse respeito, Furtado da Cunha (2006).

o argumento sujeito. Em outras palavras, alguns verbos que semanticamente "pedem" dois argumentos podem ocorrer sem o argumento objeto.[3] O objeto direto não expresso (ou zero) pode ser de dois tipos:

1. objeto paciente anafórico;
2. objeto paciente inferido.

O objeto anafórico compreende os objetos contextualmente dados ou recuperáveis, enquanto a categoria objeto inferido compreende os objetos previstos pela estrutura semântica do verbo. Os enunciados (25) e (26) exemplificam o objeto anafórico, ao passo que (27) e (28) ilustram o objeto inferido:

(25) ela passa o filme todinho fugindo ou então querendo resolver esse crime... né... **solucionar**... querendo prender o assassino... assim... ajudar a **prender**... mas o que eu:: ... (*Corpus D&G*, p. 182).

(26) ela foi inclusive devolver um... um casaco de pele que ele tinha dado a ela [...] e ela foi lá deixar esse casaco de pele... disse que não ia **aceitar**... né... porque sabia que era... (*Corpus D&G*, p. 276).

(27) se você tem vontade de **fazer**... **faça**... se for uma obrigação você não **faça** se você não quiser **fazer** não **faça**... tá entendendo? (*Corpus D&G*, p. 181).

(28) no dia seguinte ... ele apareceu lá no hotel ... querendo seduzir sabe? a ... a moça ...mas ela não **aceitou** sabe? (*Corpus D&G*, p. 243).

---

3. Os verbos que alternam entre uma codificação transitiva e intransitiva são aqueles que, segundo a classificação de Perini (1995), aceitam livremente objeto direto.

Em (25) e (26), o objeto direto dos verbos *solucionar,* *prender* e *aceitar* é dado no contexto que imediatamente os precede: *esse crime, o assassino* e *esse casaco de pele,* respectivamente. Em (27), por outro lado, o referente do objeto de *fazer,* em todas as suas ocorrências, não pode ser recuperado e é irrelevante para os propósitos comunicativos do enunciador, que não tem um referente específico em mente. Com base em nossa experiência, atribuímos um argumento objeto ao verbo *fazer,* muito embora não sejamos capazes de identificá-lo, já que ele representa um elemento genérico ou não específico (*fazer qualquer coisa*). Em (28), por outro lado, a recuperabilidade do objeto está aberta para o interlocutor, pois há várias possibilidades de interpretação do objeto não mencionado no contexto discursivo. Esse tipo de objeto inferido é um argumento que não pode ser relacionado (semântica, pragmática ou sintaticamente) a um único referente claro. Dentre outras alternativas para (28), podem-se interpretar como referente do objeto não expresso: *a sedução, a proposta, a cantada* etc. Todas essas escolhas estão simultaneamente presentes. É importante observar que o falante é consistente em usar esse tipo de construção "aberta" naquelas partes da narrativa em que o que interessa é o resultado da ação, e não que argumentos específicos deveriam ocorrer com o verbo. Tanto em (27) quanto em (28), a ênfase recai sobre o evento em si, daí a não explicitação do objeto direto. Dado o nosso conhecimento semântico e pragmático, inferimos o argumento não expresso, embora ele não possa ser lexicalmente identificado. Essa maleabilidade de alternativas de interpretação é uma das características da gramática observada na interação comunicativa.

Os exemplos acima evidenciam que o objeto anafórico é dado no texto, constituindo um subtópico discursivo, ou tópico secundário, ao lado do tópico primário, representado pelo sujeito.[4] Conforme Givón (1984), a principal manifestação de tópicos importantes é sua continuidade no discurso. A própria possibilidade de referência anafórica do objeto reflete sua topicidade. Portanto, ele se afasta do objeto direto prototípico, que é o foco da oração, isto é, a informação nova. Vejam-se os exemplos a seguir, em que o objeto anafórico forma uma cadeia (sub)tópica:

(29) [...] e as freiras né... elas saíam na rua e as casas que estavam assim... esculhambadas... elas iam... **ajeitavam**... **consertavam**... **pintavam**... e... limpavam carros né... (*Corpus D&G*, p. 280).

(30) aí [ele] deu um dinheiro sabe? pra ela ir nessa loja... inclusive nessa loja que ela foi comprar as roupas chiques... ela chegou toda mal trajada... que ela num tinha roupa né? aí ela começou a **olhar**... e as vendedora tudo de olho pensando que ela ia **roubar**... e ela só **escolhendo**... parece que foi assim... ou então ela **olhou**... **olhou**... e não **comprou** nessa loja... (*Corpus D&G*, p. 241).

Em (29), o objeto anafórico dos verbos em negrito (*ajeitavam, consertavam* e *pintavam*) é *as casas*, mencionado na oração anterior, daí a sua omissão. Em (30), *as roupas* é o objeto não expresso dos verbos destacados (*olhar, roubar, escolhendo, olhou, olhou* e *comprou*). Nos dois casos, tem-se uma cadeia tópica em que o SN não expresso é o objeto direto de uma sequência de verbos.

---

4. O tópico de uma oração é a entidade sobre a qual a oração apresenta um comentário. No nível sintático, o tópico tende a exercer a função de sujeito.

Com relação ao objeto inferido, sua irrelevância comunicativa está refletida na impossibilidade de recuperação precisa, em muitos casos, de seu referente: nem o falante nem o ouvinte precisam ser capazes de identificar o referente particular do objeto direto. Há, portanto, uma diferença importante entre esses dois tipos de objeto não expresso. Com relação ao inferido, trata-se de uma operação de ajuste da transitividade, o que não acontece com o anafórico. No primeiro caso, a ausência do objeto direto se deve à falta de proeminência discursiva desse argumento. Na grande maioria dos casos em que um verbo com uma moldura semântica de dois argumentos ocorre sem referência ao segundo argumento, o contexto discursivo é tal que a identidade do item que preencheria a relação gramatical do segundo argumento não foi, e não necessita ser, estabelecida para que o falante atinja seu propósito comunicativo. É a ação que é particularmente enfatizada. Por outro lado, o objeto anafórico funciona exatamente no tipo de situação contrária, ou seja, quando a identidade do referente está tão bem e recentemente estabelecida que não há possibilidade de confusão com alguma outra entidade.

Pode-se argumentar, então, que as orações que não explicitam o objeto (grupo II) são sintaticamente intransitivas, embora semanticamente impliquem um objeto da ação verbal, que é omitido por razões pragmáticas. Está claro que, nesses casos, a oração não terá o grau máximo de transitividade, já que o objeto omitido é, via de regra, não individuado ou genérico.

É interessante observar alguns casos residuais da transitividade. Tomemos, em primeiro lugar, o verbo *ter*, classificado pela Gramática Tradicional como transitivo. Vejam-se os exemplos:

(31) a. ... [minha tia] fez uma cirurgia na cabeça... lá no Walfredo... e aí deu tudo certo... mas... **ela tinha o cabelo lindo**... sabe? mas aí teve que raspar todo... (*Corpus D&G*, p. 225).

(32) ... sempre todo congresso tem uma nova eleição... né... e nesse... sim... tava tendo lá... né... **a gente tinha uma chapa**... (*Corpus D&G*, p. 178).

Ter é um verbo estativo cujo sujeito é o possuidor, prototipicamente humano, e cujo objeto é a coisa possuída. O fato de o sujeito ser humano é responsável pela codificação da oração com *ter* se conformar ao padrão transitivo, embora não haja transferência de atividade. O verbo *ter*, assim como *dar*, ocorre em arranjos sintáticos nitidamente transitivos, em que esses verbos são vazios de significado, como em:

(33) ... você viver assim... dando satisfação a... a tudo... é bom **a pessoa ter confiança em você**... tanto a mãe... como o namorado... qualquer pessoa que confie em você... (*Corpus D&G*, p. 226).

(34) ... eu pensei que [o congressista modelo] era Júnior... mas no fundo... no fundo **eu ainda dei uma pensadinha** que era eu... (*Corpus D&G*, p. 180).

A pergunta que se coloca é: *ter confiança* e *dar uma pensadinha* são verbos intransitivos ou *confiança* e *pensadinha* são os objetos dos verbos transitivos *ter* e *dar*, respectivamente? Note-se que *ter confiança* equivale a *confiar*, usado depois pela própria informante, e *dar uma pensadinha* corresponde a *pensar*. Esse é um excelente caso para o argumento de que a fronteira entre verbos de um ou de dois participantes é muito tênue no discurso conversacional. Para Givón (1984, p. 105), um sentido de "paciente afetado" é, de algum modo, concedido ao produto do ato, que é então codificado sintaticamente por analogia com os verdadeiros objetos criados (cf. exemplo (3) na seção 1, deste capítulo.

Os exemplos discutidos nesta seção refletem algumas possibilidades de manifestação diversificada do fenômeno da transitividade, atendendo aos propósitos comunicativos e cognitivos dos usuários da língua.

Capítulo 3

A transitividade segundo a Linguística Sistêmico-Funcional

A LSF também aborda a transitividade, mas enfocando outros aspectos como veremos agora. Halliday (1985) define a linguagem como um sistema semiótico social, como um dos sistemas de significado que compõem a cultura humana. Esse fato permite afirmar que a linguagem, o texto e o contexto, juntos, são responsáveis pela organização e desenvolvimento da experiência humana. Assim, as formas lexicogramaticais, como a transitividade, são estudadas em relação às suas funções sociais.

A transitividade é, então, entendida como a categoria gramatical relacionada à metafunção ideacional, a qual se refere à representação das ideias, da experiência humana (HEBERLE, 1999), isto é, experiências do mundo real, inclusive do interior de nossa consciência. Isso porque a experiência humana é geralmente entendida como um fluxo de eventos ou acontecimentos; atos ligados a agir, dizer, sentir, ser e ter, sendo a transitividade a responsável pela materialização dessas atividades através dos tipos de processos (verbos), cada um deles modelando uma fatia da realidade.

Em outras palavras, a transitividade é compreendida pela LSF como a gramática da oração, como uma unidade estrutural que serve para expressar uma gama particular de significados ideacionais ou cognitivos. É a base da organização semântica da experiência e denota não somente a familiar oposição entre verbos transitivos e intransitivos, mas um conjunto de tipos oracionais com diferentes transitividades (cf. BEAUGRANDE, 1991).

O sistema de transitividade permite identificar as ações e atividades humanas que estão sendo expressas no discurso e que realidade está sendo retratada. Essa identificação se dá através dos principais papéis de transitividade: *processos, participantes* e *circunstâncias,* que permitem analisar *quem faz o quê, a quem* e *em que circunstâncias.* Esses papéis correspondem, de modo geral, às três classes de palavras encontradas na maioria das línguas: verbo, substantivo e advérbio. Uma representação visual do sistema de transitividade pode ser visto na Figura 1.

Pelo sistema de transitividade, existem seis tipos de processos (verbos): materiais, mentais, relacionais, verbais, comportamentais e existenciais. A cada um deles associam-se participantes específicos determinados pela semântica dos tipos de processos e circunstâncias variadas para expressar informações adicionais, mas relevantes ao evento discursivo e, dessa forma, construir um domínio particular da experiência. *Processos* são os elementos responsáveis por codificar ações, eventos, estabelecer relações, exprimir ideias e sentimentos, construir o dizer e o existir; realizam-se através de sintagmas verbais. *Participantes* são os elementos envolvidos com os processos, de forma obrigatória ou não, que se realizam por meio de SNs. *Circunstâncias* são as informações adicionais atribuídas aos diferentes processos, as quais se realizam por meio de advérbios ou sintagmas adverbiais.

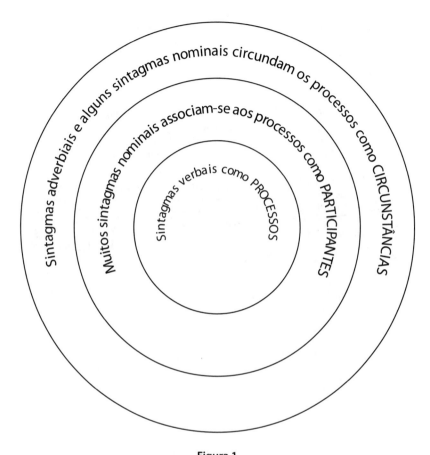

Figura 1
Padrões de experiências na oração (Butt et al., 2001, p. 46).

Nessa construção dos conteúdos através do sistema de transitividade, três tipos de processo são tidos como principais: *materiais*, *mentais* e *relacionais*; três, como secundários: *comportamentais*, *verbais* e *existenciais*. Segundo Halliday e Matthiessen (2004), os processos secundários encontram-se nas fronteiras entre os tipos principais, são intermediações que preservam certos traços dos processos que lhes cercam, conforme podemos ilustrar com a Figura 2:

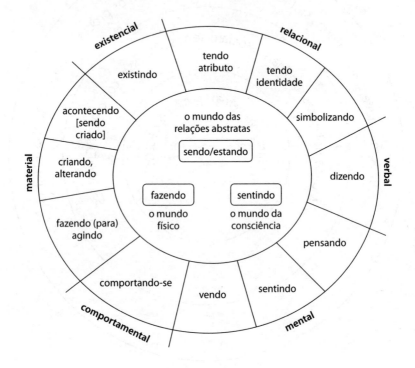

Figura 2
A gramática da experiência: tipos de processo
(adaptado de Halliday e Matthiessen, 2004, p. 172).

A Figura 2 é uma demonstração dos tipos de processo como um espaço semiótico, cujas diferentes regiões representam diferentes processos. As regiões têm áreas centrais que correspondem aos processos prototípicos; no entanto, elas são contínuas, não rígidas, e as fronteiras entre as áreas dizem respeito ao fato de que os processos são categorias indistintas. Esse *continuum* entre os processos é um princípio fundamental no qual o sistema é baseado, o princípio da *indeterminação semântica*. O mundo das experiências é altamente indeterminado e essa indeterminação reflete-se no modo como a gramática constrói seu sistema de tipos de processo. Assim, em um mesmo texto, podemos ver experiências construídas no domínio da emoção com um processo mental como *"minha cabeça dói"*; ou no domínio da classificação, como *"minha cabeça está dolorida"* (cf. HALLIDAY e MATTHIESSEN, 2004).

Vejamos agora cada tipo de processos e seus participantes, apresentando, em primeiro lugar, os processos principais — materiais, mentais e relacionais — e, em segundo lugar, os secundários — verbais, existenciais e comportamentais.

1. PROCESSOS E PARTICIPANTES

a. Processos materiais são aqueles através dos quais uma entidade faz algo; são os processos do *fazer* que constituem ações de mudanças externas, físicas e perceptíveis. São representados por verbos como *nadar, telefonar, ler, comprar* etc. De acordo com Halliday (1985), Eggins (1995) e Halliday e Matthiessen (2004), processos materiais podem ter como participantes: Ator, Meta, Extensão e Beneficiário[1], entre outros.

- *Ator* é aquele que faz a ação; é um participante inerente te, seja em oração intransitiva, como: *Diogo começou a escrever em Veja, em 1991...*; seja em oração transitiva, como: *... parte do grupo fez reuniões com um representante do governo americano*[2].

---

1. Os participantes definidos estão sublinhados nos exemplos.

2. Os exemplos não identificados que ilustram essa sessão foram retirados de SOUZA (2006), com exceção dos exemplos para os processos comportamentais, que foram cons-

- *Meta* é o participante para quem o processo é direcionado. É diretamente afetado pela ação do processo material, como nos exemplos: *Nem todo processo de troca produz <u>vencedores e perdedores</u>*; e *O Banco Central teve sensibilidade* [...] *e promoveu, dias atrás, <u>um agressivo corte de juros</u>.*

- *Extensão* é o participante que complementa a ação, especificando-a. Não é afetado pela ação verbal, como no exemplo: *Eles encontraram <u>um presidente à vontade no cargo</u>*, e em alguns casos se refere a um prolongamento do processo quando esse é lexicalmente vazio, como em: *O episódio da fuga de Menem da derrota inevitável contrasta fortemente com o Brasil atual, que deu <u>um exemplo</u> impecável de alternância de poder em 2002.*

- *Beneficiário* é o participante que se beneficia, de alguma forma, da ação verbal, como na oração: *<u>O Se Liga Pernambuco</u>, por exemplo, recebe recursos do Instituto Ayrton Senna.*

Na LSF, Meta, Extensão e Beneficiário, além de outros não mencionados aqui como Escopo, Recipiente e Cliente, são participantes opcionais. Em virtude disso, alguns processos materiais envolvem dois ou mais participantes e outros apenas um. Daí a importância de se estabelecer uma distinção entre *orações médias ou intransitivas,* porque têm apenas um participante, como: ... *<u>o governo</u> deverá agir com mais firmeza;* e *orações efetivas ou transitivas,* porque têm dois ou mais participantes, como... *<u>o presidente George W. Bush</u> acusava <u>aquele país</u>...*

Orações transitivas codificam experiências do tipo *alguém faz algo a alguém* e por isso respondem à pergunta *o que x fez a*

---

truídos pela autora por não constarem no *corpus* analisado.

y?. Podem aparecer em forma ativa ou passiva. Já as intransitivas codificam experiências do tipo *alguém faz algo* e respondem assim à pergunta *o que x fez?*

Halliday e Matthiessen (2004) classificam os processos materiais em dois tipos principais: *criativos*, como *aparecer, criar, compor, emergir, produzir, pintar, construir, estabelecer, abrir* etc., e *transformativos*, como *colorir, destruir, quebrar, cortar, dissolver, pulverizar, reduzir, torcer, mover, modernizar* e *iluminar*, dentre outros.

b. Processos mentais lidam com a apreciação humana do mundo. Através de sua análise é possível detectar que crenças, valores e desejos estão representados em um dado texto. De acordo com Halliday (1985), são os processos do *sentir*, os quais incluem processos de *percepção (ver, ouvir, perceber etc.)*, de *afeição (gostar, amar, odiar, assustar, agradar etc.)* e de *cognição (pensar, saber, compreender, perceber, imaginar etc.)*. Orações, ou sentenças, com processos mentais respondem à pergunta *o que você sente, pensa ou sabe sobre x?* Com esse tipo de verbo, não tratamos de ações, mas de reações mentais, de pensamentos, sentimentos e percepções. Os participantes para esse tipo de processo são o *Experienciador* e o *Fenômeno*.

- *Experienciador* é participante consciente que experimenta um sentir.

- *Fenômeno* é o fato que é percebido, sentido ou compreendido.

Nas orações que ilustram esses participantes, o Experienciador encontra-se sublinhado e o Fenômeno em negrito: ... <u>governos europeus</u> querem **a redução dos juros**; <u>Eles</u> já provaram que não querem **reforma agrária**...

c. Processos relacionais são aqueles que estabelecem uma conexão entre entidades, identificando-as ou classificando-as, na medida em que associam um fragmento da experiência a outro. Essa relação pode denotar: intensidade (quando uma qualidade é atribuída a uma entidade: *A inclinação brasileira nesse sentido está* **nítida** *há anos*), circunstância (quando uma circunstância de tempo ou lugar é atribuída a uma entidade: **Nos arquivos da Câmara de Vereadores** *está um livro com os Termos da Vereação de 1714 a 1738*), e possessividade (quando existe uma relação de posse: *Todos os dias penso como é bom tê-lo* **como namorado**).

Os processos relacionais podem ser *atributivos* ou *identificadores*. Nos *atributivos*, o participante chamado de *Atributo* é uma qualidade dada ao participante classificado como *Portador*, conforme podemos perceber no exemplo seguinte, em que esse participante está sublinhado e o Atributo em negrito: *Quando o emprego começa a declinar <u>o migrante</u> é visto* **com maus olhos**.

Nos *identificadores*, há a definição ou identificação de uma entidade através de uma outra. Esse tipo de oração tem um participante *Característica* — a entidade definida — e um participante *Valor* — o termo definidor ou identificador. A oração seguinte concretiza os conceitos referidos, sinalizando o participante *Característica* com sublinhado e o *Valor* com negrito: <u>Eles</u> *são* **81% dos camelôs da cidade, 60% dos taxistas**.

d. Processos verbais, como o próprio nome antecipa, referem-se aos verbos que expressam o dizer; são os processos do comunicar, do apontar. Situam-se entre os relacionais e os mentais, configurando relações simbólicas construídas na mente e expressas em forma de linguagem (cf. HALLIDAY e MATTHIESSEN, 2004). Os participantes são chamados de: *Dizente*, participante inerente que diz, comunica, aponta algo; *Receptor*, participante opcional para quem o processo verbal se dirige; e *Verbiagem*, participante que codifica o que é dito ou comunicado. São realizados por verbos como *contar, falar, dizer, perguntar* etc., e podemos vê-los em uso nos exemplos: *Sobre a morte do fotógrafo La Costa... <u>ele</u> diz: "**A morte do fotógrafo é**..."*; e *Peço licença a esta edição de setembro para falar **das surpresas** que <u>você</u> terá em outubro.* Nessa última oração, o participante Dizente está representado na desinência de primeira pessoa do singular do processo *falar*, o participante *"você"* é o Receptor, e *das surpresas é a Verbiagem.*

e. Processos existenciais representam algo que existe ou acontece e se constroem com apenas um participante, o *Existente*. Este é introduzido, criado no texto pelo processo existencial. No português, realizam-se pelos verbos *haver* e *existir*. São exemplos: *Afinal existe <u>coisa mais fantástica do que pegar na mão do gato</u>...*; e *O estoque de riqueza no planeta cresce e há <u>uma diminuição das desigualdades</u>.*

f. Processos comportamentais, situados entre os processos materiais e mentais, são os responsáveis pela construção de comportamentos humanos, incluindo atividades psicológicas como *ouvir* e *assistir,* atividades fisiológicas como *respirar, dormir,* e verbais como *conversar* e *fofocar.* São, em parte, *ação,* em parte *sentir.* Têm obrigatoriamente um participante consciente, o *Comportante,* e opcionalmente um participante que estende o processo, o qual pode ser chamado de *Behaviour.*[3] São exemplos de orações comportamentais, cujo Comportante está sublinhado: *<u>Daniel</u> assistiu ao jogo São Paulo e Liverpool; <u>Eu</u> conversei bastante ontem; <u>Pedro</u> dormiu um **sono tranquilo** ontem após noites de insônia.* No último exemplo, o SN em negrito ilustra o participante *Behaviour.*

---

3. Termo ainda não traduzido pelo grupo da GSFP, Gramática Sistêmico-Funcional em Português.

O Quadro 3 sistematiza os tipos de processo, a significação de cada um e os participantes a eles associados.

Quadro 3

Processos, significados e participantes

Processo	Significado	Participantes obrigatórios	Participantes opcionais
Material	Fazer, aconte-cer	Ator	Meta, Extensão e Beneficiário
Mental	Sentir	Experienciador e Fenômeno	—
Relacional: Atributivo Identificador	Ser Classificar Definir	Portador e Atributo Característica e Valor	—
Verbal	Dizer	Dizente e Verbiagem	Receptor
Existencial	Existir	Existente	—
Comportamental	Comportar-se	Comportante	Behaviour

2. AS CIRCUNSTÂNCIAS

O terceiro componente do sistema de transitividade são as *circunstâncias* que se referem às condições e coerções relacionadas ao processo, tais como: de localização: *Nem imaginava que havia um estúdio **aqui ao lado**...*; e de modo: *... o governo deverá agir **com mais firmeza**,* entre outras. As funções circunstanciais parecem menos fundamentais para o processo do que as funções de participação; tal fato relaciona-se à incapacidade de as *circunstâncias* desempenharem o papel de sujeito.

As *circunstâncias* são realizadas gramaticalmente por advérbios ou sintagmas adverbiais e ocorrem livremente em todos os tipos de processo, geralmente, com a mesma significação que lhe é inerente, onde quer que se realizem. Isso não quer dizer que, em um determinado contexto de uso, um tipo de circunstância não possa revelar outro(s) sentido(s), além de sua significação básica.

No Quadro 4 apresentamos a tipologia das circunstâncias, segundo Eggins (1995), a significação de cada uma delas e exemplos ilustrativos.

Quadro 4

Tipos de circunstâncias

TIPO DE CIRCUNSTÂNCIA	SIGNIFICAÇAO	EXEMPLOS
DE EXTENSAO Espacial Temporal	Constroem desdobramentos do processo em espaço (a distância no espaço no qual o processo ocorre) e tempo (a duração no tempo durante a realização do processo).	Nadou 4 quilômetros. Caminhou por sete horas.
DE CAUSA	Constrói a razão pela qual o processo se atualiza.	Não fui ao trabalho por causa da chuva.
DE LOCALIZAÇAO Tempo Lugar	Constroem a localização espacial e temporal na qual o processo se realiza.	Pedro acordou às sete horas. Mauro caminha na praia.
DE ASSUNTO	Relaciona-se aos processos verbais e é um equivalente circunstancial da verbiagem.	Discutiam sobre política.
DE MODO	Constrói a maneira pela qual o processo é atualizado.	Almoçamos tranquilamente.
DE PAPEL	Constrói a significação de ser ou tornar-se circunstancialmente.	Vim aqui como amigo.
DE ACOMPANHAMENTO	É uma forma de juntar participantes do processo e representa os significados de adição, expresso pelas preposições "com" ou "e", ou de subtração, expresso pela preposição "sem".	Amélia foi ao cinema com o namorado. João saiu sem o filho.

Em síntese, a análise da transitividade leva em conta três aspectos: (i) a seleção do processo; (ii) a seleção dos participantes; e (iii) a seleção das circunstâncias. A conjunção desses aspectos permite uma visualização das experiências/conteúdos codificados no texto e que vão contribuir para a construção de seu significado global. Compreendemos, juntamente com os teóricos da LSF, que uma análise do sistema de transitividade de um texto permite elucidar como os sentidos foram construídos, porque podemos descrever o que está sendo dito sobre um determinado assunto e como as mudanças na construção do significado estão sendo realizadas.

3. ANALISANDO A TRANSITIVIDADE EM EDITORIAIS

Nesta seção, analisaremos a transitividade no gênero editorial, compreendendo que um gênero apresenta um contínuo de variação que vai do representante mais típico da categoria até aquele que mais se afasta desse padrão. Por isso, nossos dados contêm editoriais dos jornais *Folha de São Paulo*, *Jornal do Comércio* e *Folha de Pernambuco* — o editorial tido como padrão — e das revistas *Veja* e *Época*, bem como das revistas femininas *Uma* e *Todateen* — estes últimos, os editoriais menos prototípicos. Para efetivação da análise em textos opinativos, aplicamos a proposta da LSF, investigando primordialmente o papel do sistema de transitividade na construção da opinião veiculada pelos editoriais.

A análise será apresentada a partir de processos que tiveram um número significativo de ocorrências nos dados e que compõem a investigação realizada em nossa tese de doutoramento.[4]

---

4. *Transitividade e construção de sentido no gênero editorial.* UFPE, 2006.

I. Orações com processos materiais

Neste tipo de processo, o conceito de ação é subjacente. Externar uma ação presente envolve, pelo menos, um participante, o Ator, quando a oração é intransitiva, ou dois participantes, um Ator e uma Meta, por exemplo, quando a oração é transitiva, conforme poderemos comprovar pelos exemplos analisados a seguir, construídos com os processos *chegar* e *produzir*:

CHEGAR

(35) Diante da herança recebida pelo atual governo, que **chegou** ao Planalto em meio a fortes desconfianças e a um grande movimento especulativo, era absolutamente sensato fazer o que foi feito (*Folha de São Paulo*, 3 de junho de 2003).

(36) Além disso, **chegou** a 5,13% a inflação medida pelo IBGE... (*Jornal do Comércio*, 7 de maio de 2003).

(37) Quando o Fome Zero **chega** a um determinado município... (*Folha de Pernambuco*, 6 de maio de 2003).

(38) ... para que os países ricos e emergentes **cheguem** a um acordo em Cancun. (*Veja*, 17 de setembro de 2003).

(39) Uma quarta capa, mais genérica, **chegará** aos demais Estados (*Época*, 15 de setembro de 2003).

(40) Primavera **chegando**, visual novo! (*Uma*, agosto de 2003).

Os exemplos de (35) a (38) têm eixos temáticos semelhantes, política e economia; seus participantes, portanto, também pertencem a esse universo: *o atual governo, a inflação, o Fome Zero, países ricos e emergentes* são SN genéricos que protagonizam a ação de *chegar*. Em (35), (37) e (39) *chegar* quer dizer atingir um lugar; em (36), (38) e (40), atingir um alvo. Com o sentido de *chegar a um lugar* temos um movimento físico, um deslocamento no espaço; já o sentido de *atingir um alvo* evoca um deslocamento que é virtual. Dessa forma, queremos mostrar que um processo material pode originar diferentes orações dentro de um mesmo campo semântico, não só pela sua significação, mas também pela relação que estabelece com seus participantes diretamente envolvidos ou não. Disso o escritor se apropria para externar o seu modo de ver o mundo das suas experiências, como é o caso dos exemplos ora comentados.

Os exemplos (39) e (40) são orações retiradas das revistas *Época* e *Uma*, que se referem a elas próprias, daí notarmos de antemão a não coincidência do participante Ator, comparando-as com os exemplos de (35) a (38). *Época* refere-se ao fato de essa edição *chegar* às bancas com quatro capas diferentes. *Uma* traz o verbo *chegar* na última frase do editorial, como a conclusão do argumento anterior que incentiva a leitora a comprar, respaldada pela chegada da primavera.

PRODUZIR

(41) ... mas quem **produz** e abre postos de trabalho é o empresário. (*Jornal do Comércio*, 9 de agosto de 2003).

(42) Nem todo processo de troca **produz** vencedores e perdedores. (*Veja*, 17 de setembro de 2003).

Transitividade e seus contextos de uso

(43) George W. Bush [...] acusava aquele país de possuir um arsenal de armas químicas capaz de **produzir** milhares de vítimas se acionadas. (*Folha de Pernambuco*, 5 de agosto de 2003).

(44) A sociedade não quer debates acalorados que **produzem** e esticam conflitos. (*Época*, 4 de agosto de 2003).

Em (41) e (42), os fragmentos referem-se mais uma vez ao tema economia, do qual era de se esperar que um processo como *produzir* fizesse parte. E isso é comprovado, pois os participantes que o acompanham, nos dois exemplos, pertencem ao campo lexical da produção econômica: *trabalho, empresário, troca, vencedores, perdedores*. São nomes concretos, como concretos são os problemas expostos: *desemprego e abertura do comércio*.

Entretanto, um processo pode adequar-se a diversos contextos; (43) e (44) pertencem a editoriais que tratam de política e buscam no verbo *produzir* reforço para expor suas ideias. Em (43), o participante Meta de *produzir*, "milhares de vítimas", é um resultado que ninguém quer ver se concretizar, exceto governantes mal-intencionados. Nesse exemplo, *produzir* é o verbo perfeito para sugerir o grau de malefício dessa ação, se ela realmente se efetivar. Já em (44), o autor enfoca a sociedade como ansiosa por paz e tranquilidade; para tanto, usa a combinação de processos *querer* e *produzir*.

A análise realizada nos fez perceber que processos materiais podem preencher funções diversificadas nos editoriais em virtude dos objetivos a serem alcançados no texto como um todo, ou em momentos específicos deste, como pode ser constatado nos exemplos supracitados. Mostrou-nos também um predomínio de sentenças transitivas, o que pode ser atribuído ao fato de que a visão de mundo retratada nos editoriais se localiza na transição de uma força, no *agir/fazer* de *alguém* sobre um *objeto* ou um *fato*; é uma descrição de impactos que se expressa na língua pelas orações transitivas. Em virtude disso, orações que representam acontecimentos, como as intransitivas, tiveram baixa ocorrência nos dados.

Queremos, por fim, destacar que editoriais diferentes e com conteúdos diversificados geram utilizações outras para um mesmo tipo de processo. Foi nos editoriais jornalísticos da *Folha de São Paulo*, *Jornal do Comércio* e *Folha de Pernambuco* onde mais encontramos regularidades em relação aos significados veiculados, aos tipos de conteúdo e participantes, vez que os editoriais desses veículos têm o mesmo objetivo e tratam, muitas vezes, de temas semelhantes, sempre relacionados à esfera pública. Já nas revistas semanais de informação, *Veja* e *Época*, a presença do editorial de apresentação faz com que essas revistas se tornem autorreferenciais, o que acarreta uma diferença nos significados expressos pelos processos e pelos participantes em relação aos jornais e às revistas femininas. Nas revistas *Uma* e *Todateen*, a mudança é mais evidente, porque mais diversos são seus conteúdos e seus objetivos em relação aos outros editoriais investigados; assim, conteúdos e participantes dizem respeito a assuntos da esfera privada da mulher, e os participantes são, por vezes, individualizados no pronome "você", por exemplo, ou a mulher torna-se autora de ações no texto através do pronome "nós".

II. Orações com processos mentais

Processos mentais lidam com a apreciação humana do mundo, e pela análise desse tipo de processo é possível identificar que crenças, valores e desejos estão representados nos editoriais (cf. Heberle, 1997). Expressam as experiências do *sentir*, como a percepção (*ver, ouvir, perceber*), a cognição (*pensar, saber, compreender*) e a afeição (*gostar, adorar, amar, odiar*). Vamos aos exemplos desse tipo de processo:

QUERER

(45) Premidos pelo elevado desemprego, governos europeus **querem** a redução dos juros. (*Folha de São Paulo*, 5 de junho de 2003).

(46) Eles (MST e movimentos similares) já provaram que não **querem** reforma agrária, e sim eliminação da propriedade privada e volta a uma agricultura de subsistência... (*Jornal do Comércio*, 3 de agosto de 2003).

(47) A sociedade não **quer** debates acalorados que produzem e esticam conflitos. **Quer** soluções — e rápido. (*Época*, 4 de agosto de 2003).

(48) Não **queremos** muito, não. **Queremos** ser amadas. (*Uma*, junho de 2003).

Uma primeira observação que podemos apontar em relação ao verbo *querer* é que, de (45) a (47), o Experienciador — *governos europeus, Eles (MST e movimentos similares), a sociedade* — não é aquele que escreve o texto, tampouco é o leitor a quem o texto se destina. Há um *sentir* sempre atribuído a uma entidade que faz parte do que vem sendo exposto, o que postula uma forma diferente de uso desse tipo de processo, em especial, na forma como é usado na conversação espontânea, por exemplo.

Nas conversações, os processos mentais prestam-se a construir o mundo da consciência do falante, num nível individual (cf. HALLIDAY e MATTHIESSEN, 2004), envolvendo um participante consciente, como na oração *Não gosto de tristeza*, o que configura um uso diferente em relação à maioria das ocorrências observada nos editoriais, os quais não apresentam o participante Fenômeno representativo de um indivíduo, como podemos observar pelos exemplos supramencionados.

Observamos que em (45), (46) e (47), os Experienciadores são SN que ilustram uma coletividade humana e, portanto, consciente, como *"governos europeus"* e *"A sociedade"*. O processo mental revela-se, pois, como uma escolha no sistema paradigmático da língua para expor vontades dos participantes envolvidos, fazendo parte, por conseguinte, da cadeia argumentativa dos editoriais. O Fenômeno, participante que expressa o que é *sentido* pelo Experienciador, situado após os verbos, representa entidades. Juntos compõem a oração, proporcionando a significação desejada.

Em (48), exemplo de *Uma*, o processo mental *querer* representa a experiência do desejo, da vontade. Utilizando um Experienciador em primeira pessoa do plural, a editora consolida o envolvimento autor/leitor, visando a externar o que a revista julga ser um desejo de todas as mulheres: sentir-se amada. É um uso generalizante, de maneira a enfatizar que a editoria da revista também quer o mesmo que suas leitoras, tornando revista e mulheres parceiras em seus objetivos.

Temos, então, nos exemplos supracitados, uma amostra da utilização do processo mental *querer*, mostrando as diferentes possibilidades de uso desse verbo, e consequentemente dos processos mentais, para retratar experiências diferenciadas e para construir o sentido de seu texto, conforme o tema tratado e o objetivo de cada editorial. Essa é também uma amostra da presença dos processos mentais nos editoriais, muitas vezes fugindo da forma convencional, ou prototípica, em que esses processos são usados na conversação espontânea, por exemplo, como atestam estudos em LSF para a língua inglesa (cf. BUTT, 2001; EGGINS, 1995; HALLIDAY, 1985; HALLIDAY e MATTHIESSEN, 2004).

III. Orações com processos relacionais

Usados para definir, classificar, caracterizar, generalizar e identificar, enquadrando em uma visão particular as experiências vividas, os processos relacionais evidenciam uma relação de natureza estática, entre dois participantes: Portador e Atributo nos relacionais atributivos, como na oração **Elas** *são* **generosas e carinhosas umas com as outras**; Característica e Valor, nos relacionais identificadores, como na oração **Rodrigues** *é* **um técnico de reconhecida competência**.

Ser, estar, permanecer, continuar, ficar, tornar e *parecer*, dentre outros, são exemplares dos processos relacionais, com alto índice de ocorrência nos diversos gêneros textuais, inclusive no editorial. Vejamos, pois, alguns exemplos de processos relacionais nesse gênero, dividindo-os em atributivos e identificadores:

Processos relacionais atributivos

Nas orações com esse tipo de processo, Portador é o participante que *recebe* as qualificações gerais, ou descrições, e Atributo são as qualidades relacionadas ao Portador, que é sempre um Nome ou Sintagma Nominal. Já o Atributo é tipicamente realizado por um adjetivo ou por um sintagma adjetival, como podemos ver nos exemplos que seguem:

PARECER

(49) A Caixa Econômica Federal [...] não **parece** bem preparada para esse tipo de serviço. (*Jornal do Comércio*, 3 de junho de 2003).

(50) À primeira vista, **parece** estranho que juízes e desembargadores paulistas tenham patrocinado o encontro... (*Folha de Pernambuco*, 4 de abril de 2003).

(51) Era tamanha a agitação, bóbis de um lado, lanchinhos de outro, que **parecia** impossível convencer as quatro a engatarem uma discussão. (*Uma*, maio de 2003).

Uma das possibilidades de uso do verbo *parecer* é ser *"modalizador estativo indicando a modalidade da **manifestação** (aparência)"* (cf. Borba, 1990, grifos do autor). Por modalizar, compreendemos uma qualificação atribuída ao Portador e a ele relacionada através desse processo. Estamos aqui considerando *parecer* como processo relacional, embora não deixemos de lado a capacidade modalizadora que esse processo carrega.

O que vemos, portanto, nas orações (49), (50) e (51), são classificações atenuadas pelo processo *parecer*; os autores atribuem qualidades, e com elas um juízo de valor, mas não as assumem, como se quisessem rechaçar possíveis contra-argumentos. Isso é especialmente evidente nos exemplos (49) e (50), com destaque para (50), no qual o autor começa o argumento usando o verbo *parecer* para fazer uma ressalva e, em seguida, ratificar a razão da posição assumida pelo participante Portador *"juízes e desembargadores"*. Nesse exemplo, então, *parecer*, semelhando prudência ou não comprometimento, revela-se nascente significativa da afirmação categórica que lhe é posterior: *que juízes e desembargadores paulistas tenham patrocinado o encontro...*

Processos relacionais identificadores

Os relacionais identificadores envolvem, gramaticalmente, dois participantes: aquele ao qual uma identificação, função ou significado é relacionado, conhecido como Característica; e o participante chamado Valor, que corresponde à identificação atribuída ao primeiro participante. Ambos — Característica e Valor — são, geralmente, um SN definido. Vejamos os exemplos:

SER

(52) ... A administração Lula é avaliada como ruim ou péssima por 11%. Eram 17% no caso do tucano. O quadro de percepção favorável ao petista impressiona. [...] Em junho de 1995, FHC tinha para exibir a relativa novidade da estabilização da moeda e um crescimento econômico que garantiu aos mais pobres acesso a inéditos itens de conforto. O Brasil de Lula **é** o da fila desesperada por uma vaga de gari (*Folha de São Paulo*, 1º de julho de 2003).

(53) Posteriormente, em 1º de maio de 1980, cerca de 100 mil pessoas foram às ruas expressar apoio ao líder sindical Luís Inácio Lula da Silva, preso juntamente com metalúrgicos de São Bernardo do Campo. Hoje, neste 1º de maio, um trabalhador **é** o presidente da

República (*Folha de Pernambuco*, 1º de maio de 2003).

(54) VEJA **é** a maior e a mais influente revista do Brasil. (*Veja*, 16 de julho de 2003).

(55) Nesta semana, as mulheres **são** o destaque da edição, a começar pela reportagem de capa de autoria da repórter Paula Pereira, de 30 anos (*Época*, 16 de junho de 2003).

(56) Todas **são** mulheres fortes e muito seguras em suas opiniões, porém em nenhum momento acontecem trombadas de ego tão comuns quando os famosos se encontram [...] Elas **são** generosas e carinhosas umas com as outras (*Uma*, maio de 2003).

Quando define o Brasil em (52), o autor dá sequência à opinião sobre a aprovação do governo Lula pelo público. Tomando como referência governos passados, na oração que inicia (52), são mostrados dados que favorecem o presidente do PT. Esse contexto permite ver a positividade da oração "O Brasil de Lula **é** o da fila desesperada por uma vaga de gari", e comprova o postulado da LSF de que as escolhas adquirem significados em contraste com outras escolhas. Uma análise isolada dessa oração nos faria acreditar que o atual Governo estava recebendo uma definição negativa.

Após encerrar um ciclo de comentários sobre o 1º de maio, nos quais destaca perdas e ganhos, o autor, em (53), ao apresentar o *trabalhador presidente da República* no participante Valor, passa a tratar da esperança que é depositada no presidente Lula, pela maioria da população. A função atribuída ao participante Característica "*um trabalhador*" sintetiza toda a crença de melhoria na vida do país, em especial na vida dos mais pobres.

O exemplo (54) traz uma definição interessante, porque feita pela própria entidade, em um editorial de apresentação — *Veja* é o participante Característica, e o que ela diz de si mesma: *"a maior e mais influente revista do Brasil"*, o Valor. Temos, nesse caso, uma autodefinição iniciando o editorial, à qual se seguem descrições que a comprovam. No nosso entender, essa definição é instauradora de uma verdade que a revista passa a compartilhar com o leitor. Se as definições guiam os sentidos, nessa oração isso se torna patente.

O exemplo (55), extraído de um editorial de apresentação da revista *Época*, tem *"as mulheres"* como participante Característica, ao qual o Valor, *destaque da edição*, dá o tom do restante do texto, que segue realçando a presença das mulheres que compõem a equipe de redação de *Época*.

Já (56) segue a descrição que vem sendo feita das mulheres que compõem o programa *Saia Justa*, do canal GNT: Rita Lee, Marisa Orth, Mônica Waldvogel e Fernanda Young, tema do editorial "Celebridades". A definição de *"mulheres fortes e muito seguras..."* complementada pelo *"em nenhum momento acontecem trombadas"* já elevaria o moral dessas mulheres, mas uma outra definição contida no participante Valor — *"são generosas e carinhosas umas com as outras"* — vem corroborar o quadro positivo que vem sendo traçado a respeito dessas celebridades. Definir usando o processo *ser*, nesse caso, adquire um forte valor persuasivo, fazendo as leitoras construírem uma imagem francamente favorável das mulheres em foco nesse editorial.

Como mostram os exemplos, processos relacionais estabelecem relações claras entre entidades e contribuem para classificar e categorizar as entidades envolvidas (cf. HEBERLE, 1997). Esse tipo de processo é recorrente nos editoriais, porque expressa visões particulares de mundo, tornando-se recurso valioso na formação do ponto de vista exposto. Os processos relacionais parecem exercer uma forte influência no leitor, já que são os responsáveis por enquadrar os fatos, impondo ao receptor do texto um modo particular de perceber esses fatos.

Assim, enquanto os processos materiais apresentam os eventos e as ações, os relacionais classificam e definem entidades materialmente construídas, configurando-se, portanto, como uma força argumentativa poderosa para realizar o ponto de vista institucional que os editoriais expõem.

IV. Orações com processos verbais

Esse tipo de processo, segundo Halliday e Matthiessen (2004), contribui para a criação da narrativa, porque torna possível estabelecer passagens dialógicas em narrativas escritas e desenvolver relatos de diálogos em narrativas orais. Assim, processos verbais podem apresentar como Verbiagem o discurso direto ou o discurso indireto. Nossos dados, mesmo não sendo narrativas orais nem escritas, contêm exemplos de discurso direto e indireto, como poderemos ver a seguir:

DIZER

(57) Como **dissemos**, os investidores não são políticos (*Jornal do Comércio*, 9 de agosto de 2003).

(58) Numa entrevista em 1967, ele **dizia** que seu êxito como empresário era consequência de muito traba-

lho, certa ousadia e alguma sorte (*Folha de Pernambuco*, 8 de agosto de 2003).

(59) "Fazer as entrevistas e tabular as informações exigiu um esforço descomunal", **diz** a repórter Monica Weinberg... (*Veja*, 4 de junho de 2003).

(60) "Nem imaginava que havia um estúdio aqui do lado", **dizia** Marisa Orth, abaixando-se para passar... (*Uma*, maio de 2003).

(61) Afinal, existe coisa mais gostosa do que segurar nas mãos do gato, olhar nos olhos dele e **dizer** "Eu te amo!"? (*Todateen*, agosto de 2003).

A oração (57) é um caso em que o autor se envolve diretamente com aquilo que afirma através da primeira pessoa do plural. Nesse exemplo, isso acontece literalmente através da retomada da afirmação "*Os investidores não são políticos*", a qual reforça sua opinião. Em (58), o trecho em discurso indireto reproduz uma fala daquele que é objeto de discussão no editorial, trata-se do jornalista Roberto Marinho. Essa é a frase que abre o editorial e da qual deriva o perfil desse jornalista apresentado ao público.

Em (59) e (60), o processo *dizer* introduz dois momentos de discurso direto em orações dependentes; em ambos, personagens dos editoriais têm voz. Em (59), como forma de corroborar o contexto dos esforços que estão sendo apresentados em torno de uma dada reportagem. Em (60), para realçar as dificuldades enfrentadas pela equipe de reportagem e as celebridades entrevistadas para que a matéria desse certo. Já em (61), o discurso direto expresso pela Verbiagem "*Eu te amo!*" especifica um termo genérico da oração anterior: *"coisa mais gostosa"* e arremata a argumentação sobre as delícias da paixão.

A amostragem do papel dos processos verbais no texto opinativo aqui apresentada nos faz vislumbrar as possibilidades argumentativas que residem nesse tipo de processo; pelo que vimos, podemos afirmar que as orações com discurso direto e indireto, nos editoriais, têm seu uso vinculado ao teor argumentativo desse gênero, no sentido de que essas *vozes* vêm funcionar como argumentos de autoridade, e não criar sequências dialógicas, função que ocupam no caso das narrativas orais, ou relatar diálogos, função preenchida nas narrativas escritas.

V. Orações com processos existenciais

A função desse tipo de processo é construir a existência de algo. Para Halliday e Matthiessen (2004), processos existenciais são a representação de algo que existe ou acontece. Tipicamente, ocorre no início de um texto ou quando o texto está movendo-se para uma nova fase (cf. BUTT et al., 2001). Ao lado do participante Existente, encontramos, na maioria dos casos, a presença de elementos circunstanciais. Vejamos os exemplos:

HAVER e EXISTIR

(62) Da posse fraudulenta, pelo compositor carioca Lamartine Babo, que registrou em seu nome a canção carnavalesca "Mulata", de autoria dos excepcionais músicos pernambucanos Irmãos Valença, desmascarada na justiça. **Há** outras situações semelhantes, em teses de doutorado, músicas, romances e outras obras artísticas e literárias em todo o país (*Folha de Pernambuco*, 4 de abril de 2003).

Transitividade e seus contextos de uso

(63) Em algumas capitais já **existem** mais pet shops do que farmácias. (*Veja*, 23 de abril de 2003).

(64) De um lado, *existe* um desconforto mais do que conhecido com as reformas. De outro, uma certa irritação com a demora para tirar as mudanças do terreno das discussões (*Época*, 19 de maio de 2003).

Os processos *haver* e *existir* cumprem, em (62), (63) e (64), a função de dar continuidade a ideias anteriores, apresentando um elemento novo que se instancia, que se cria pela presença desse processo. A introdução desse elemento recém-criado dá prosseguimento ao fluxo do texto, funcionando como uma ponte entre o *dado*, apresentado até então, e o *novo*, as ideias que passam a ocupar o centro da discussão. O exemplo (62) traz novos casos de fraude enunciadas no Existente: *outras situações semelhantes...* .

O exemplo (63) situa-se em um editorial de apresentação da revista *Veja*, que comenta as reportagens daquela edição. Essa oração dá continuidade a uma informação sobre o número de lojas para animais domésticos. Ao afirmar a existência de mais "pet shops do que farmácias", chega-se a perceber um toque de ironia, e essa oração existencial parece, assim, externar uma crítica a essa situação. Já (64) traz para o leitor os motivos encontrados para que sejam feitas críticas ao governo Lula. A continuação proporcionada pela oração existencial é também uma justificativa para as afirmações anteriores feitas no editorial.

As orações com processos existenciais também trazem uma contribuição específica para os editoriais, assim como o fazem com as narrativas ao introduzirem personagens centrais (cf. HALLIDAY e MATTHIESSEN, 2004). Funcionando como *links* e, simultaneamente, como instauradoras de um novo foco discursivo, as orações existenciais são definitivas no trato com a construção da argumentação nos editoriais, além de se constituírem um componente fundamental para a progressão textual dos editoriais.

VI. Orações com processos comportamentais

Responsáveis pela construção de comportamentos humanos, e situando-se nas fronteiras da ação e do sentir, esses processos têm baixo índice de ocorrências nos editoriais. Ainda assim se fazem presentes, contribuindo para a consecução do propósito comunicativo desse gênero. Vamos a alguns exemplos:

(65) O crime organizado deve estar **rindo** da incapacidade das autoridades em responder as suas provocações, cujo palco mais ostensivo é o Rio de Janeiro... (*Jornal do Comércio*, 6 de abril de 2003).

(66) *Uma* nasceu para ser o espelho da mulher contemporânea... Mulher inteligente, independente... Que **ri**, **chora**, **sonha** e sempre **olha** adiante (*Uma*, setembro de 2003).

A oração (65), com participante Comportante, "O crime organizado", representativo de entidade da esfera pública, relaciona-se a um argumento anterior e reforça a crítica que vem sendo feita às autoridades governamentais, a qual constitui o cerne desse editorial. O comportamento do *riso* é, nesse caso, exemplar do descaso e do deboche dos marginais para com as autoridades constituídas.

O exemplo (66) apresenta uma sucessão de comportamentos manifestos nos processos *rir, chorar, sonhar, olhar*, os quais compõem um quadro descritivo da mulher contemporânea delineado por esse editorial. Esse exemplo é parte de uma série de processos materiais, como *correr, enfrentar* e *conquistar,* e mentais, como *querer* e *amar,* que definem a mulher leitora da revista *Uma.*

Como pudemos apreciar, o mesmo tipo de processo realiza funções diferenciadas — reforçar argumentos, descrever um ser —, moldando-se à rede de argumentos que constituem cada editorial.

Foi possível constatar, através dessa exemplificação, que se confirma o postulado da LSF de que escolhas não são aleatórias, são sempre significativas e geradoras de significados distintos quando se levam em conta os contextos de uso.

Considerações finais

Este livro mostrou como a noção de transitividade verbal é tratada por dois modelos funcionalistas: a linguística funcional norte-americana e a Linguística Sistêmico-Funcional. Embora sigam caminhos próprios de análise da língua, essas duas abordagens compartilham o interesse central no estudo das funções que a forma linguística desempenha na comunicação cotidiana. Para atingir seu objetivo de descrever e explicar como a língua é utilizada por seus falantes, utilizam uma metodologia que toma como evidência empírica dados produzidos em situações reais de interação.

No que diz respeito à transitividade, tanto a Linguística Funcional norte-americana quanto a Linguística Sistêmico-Funcional compreendem-na não como uma propriedade categórica e inerente do verbo, como defende a Gramática Tradicional, mas como uma propriedade da oração como um todo. É, pois, na oração que a transitividade se manifesta, e é nesse nível de análise da língua que se podem estudar as relações entre o verbo e seu(s) argumento(s). Para essas duas abordagens funcionalistas, a transitividade é uma categoria sintático-semântica que reflete a gramática da oração. Nesse sentido, a observação do contexto de uso da oração desempenha um papel crucial na análise da transitividade.

Sob a ótica do quadro teórico da linguística funcional norte-americana, a transitividade é tratada como um complexo de traços sintático-semânticos que, prototipicamente, refletem diferentes aspectos da transferência de atividade de um agente para um paciente. Essa mudança de perspectiva no estudo da transitividade pressupõe que as categorias linguísticas não são discretas ou binárias, mas se distribuem num *continuum*. Logo, não é surpreendente que, em muitos casos, seja difícil traçar uma distinção nítida entre verbos de um ou de dois participantes, já que a fronteira entre essas duas categorias é fluida e instável, como nos casos de omissão do paciente da ação verbal ou ainda nos casos em que o verbo tem dois participantes, mas o objeto não é paciente. A combinação de um dado verbo com um ou dois participantes não é, portanto, uma propriedade especificada no léxico mental, ou dicionário, e sim um fato altamente variável em dados reais de fala.

Nesse sentido, a análise da transitividade não deveria se concentrar nos verbos de orações isoladas, descontextualizadas. Ao contrário, o papel do contexto discursivo-pragmático é fundamental na aferição da transitividade oracional, pois, embora um verbo possa ser potencialmente classificado como transitivo, é no seu funcionamento textual que essa potencialidade se concretiza ou não. A transitividade é, assim, uma questão da gramática da oração inteira tal como ela ocorre nas interações comunicativas, e não apenas a relação entre um verbo e seu objeto. Isso significa que é a regularidade (ou frequência) de ocorrência de um verbo em textos reais, falados ou escritos, que estabelece os esquemas ou molduras gramaticais (*frames*) que fazem parte do conhecimento linguístico que os falantes dominam.

Sob a perspectiva do quadro teórico da LSF, é possível afirmar que, embora se possa pensar que a análise do sistema de transitividade é repetitiva, uma vez que lidamos sempre com o esquema: processos, participantes e circunstâncias, dados empíricos mostram exatamente o contrário. Isso porque, mesmo havendo semelhanças estruturais — várias orações, por exemplo, preenchem o esquema *Ator + Processo + Meta* —, a significação é elaborada pela relação processo/participantes/circunstâncias, e pelo contexto em que a oração é empregada, numa evidência de que a transitividade não diz respeito apenas aos verbos, mas perpassa toda a oração, conforme a LSF e a linguística funcional norte-americana, o que foi também discutido neste livro.

Nessa perspectiva, um mesmo tipo de processo pode ocupar papéis distintos e assim contribuir de várias maneiras para a significação. O sistema de transitividade é, portanto, imprescindível à construção das experiências de mundo por nós vivenciadas e efetivadas pela linguagem. No gênero editorial esse sistema concretiza o intuito de persuadir o leitor para aderir às teses defendidas. Foi isso que nos mostrou a análise efetivada com a variação do gênero editorial.

A análise do sistema de transitividade revela-se, então, em nosso ponto de vista, de crucial importância para a compreensão da gramática de uma língua como uma ferramenta — não rudimentar — criadora de sentidos.

Desdobramentos do tema

Nesta seção, são apresentadas algumas atividades que têm por objetivo propiciar a investigação de questões discutidas neste livro.

1. Com base em um texto oral ou escrito, faça um levantamento dos verbos tradicionalmente classificados como transitivos e tente agrupá-los em classes de acordo com o número de argumentos com que se relacionam. Em seguida, observe se os verbos que se enquadram na mesma classe apresentam a mesma moldura semântica. Um mesmo verbo pode variar em relação ao número de SN (participantes) que com ele se relacionam?

2. Com base em um texto oral ou escrito, selecione os verbos tradicionalmente classificados como transitivos que foram usados sem o argumento objeto. Esses verbos projetam uma leitura específica desse objeto? De que tipo é o objeto não explicitado: anafórico ou inferido? Esses verbos podem ser agrupados em uma mesma classe semântica, tendo em vista a mudança registrada no estado do paciente?

3. Compare textos de fala e escrita no português, de preferência de um mesmo gênero, verificando como se dá o funcionamento do sistema de transitividade à luz da

LSF nessas modalidades da língua. Observe, especialmente, se há um tipo de processo predominante em cada modalidade e o que isto pode evidenciar.

4. A Gramática Tradicional sempre reserva aos adjuntos adverbiais um papel acessório. Com base na LSF e na importância das escolhas e do contexto para a construção dos significados, examine o papel das circunstâncias em gêneros textuais diversificados.

Lendo mais sobre o tema

NEVES, M. H. DE M. *Gramática de usos do português*. São Paulo: Editora Unesp, 2000.

Nessa gramática, a descrição da língua é feita com base nos usos que se observam no português do Brasil atual. O capítulo sobre o verbo traz um enfoque funcionalista dessa classe de palavras, apresentando uma classificação semântica desse elemento e uma classificação segundo a transitividade que os predicados verbais manifestam.

PERINI, M. *Gramática descritiva do português*. São Paulo: Editora Ática, 1995.

O capítulo "Transitividade, regência e concordância" dessa gramática faz uma crítica à classificação tradicional dos verbos em transitivos, intransitivos e de ligação, e desenvolve uma nova análise, centrada puramente no aspecto sintático da transitividade. Embora a semântica seja posta de lado nessa análise, o capítulo discute questões pertinentes ao tratamento do tema.

PEZATTI, E. G. O funcionalismo em linguística. In: MUSSALIM, F.; BENTES, A. C. (Orgs.). *Introdução à linguística — fundamentos epistemológicos*. São Paulo: Cortez, 2004.

Este texto introduz uma visão geral do funcionalismo, com suas diversas tendências, e concentra-se nos temas relevantes a essa corrente teórica. Dentre eles, é de interesse especial a abordagem da questão da transitividade, tal como formulada por Hopper e Thompson (1980), e da estrutura argumental preferida, que prevê a não explicitação de alguns argumentos de um predicado.

MEURER, J. L.; BONINI, A.; MOTTA-ROTH, D. (Orgs.). *Gêneros*: teorias, métodos, debates. São Paulo: Parábola Editorial, 2005.

Embora seja um livro que trate especificamente de gêneros textuais, os capítulos O conceito de "estrutura potencial do gênero", de Motta-Roth e Heberle, e A perspectiva teleológica de Martin para a análise dos gêneros textuais, de Vian Jr. e Lima-Lopes, têm como suporte teórico a Linguística Sistêmico-Funcional e por isso apresentam alguns de seus preceitos básicos, como as metafunções da linguagem. Como é escasso o material sobre LSF em português, esses artigos se apresentam como uma possibilidade de conhecer um pouco dessa teoria em nossa língua materna.

FURTADO DA CUNHA, M. A.; OLIVEIRA, M. R. de; MARTELOTTA, M. E. (Orgs.). *Linguística funcional*: teoria e prática. Rio de Janeiro: DP&A, 2003.

Esse livro contém uma visão introdutória dos princípios básicos da Linguística Funcional norte-americana, conjugando teoria e aplicação dos conceitos abordados em dados do português do Brasil. É uma publicação recomendada para todos que lidam com a linguagem, seja da perspectiva funcionalista ou não.

DUTRA, R. *O falante gramático*: introdução à prática de estudo e ensino do português. Campinas: Mercado de Letras, 2003.

Ao analisar comportamentos linguísticos dos falantes nativos no uso diário de sua língua materna, este livro apresenta uma série de construções da língua oral ainda não descritas ou analisadas pelos compêndios tradicionais. O capítulo *Protótipos gramaticais e as construções gramaticais* é uma leitura obrigatória para quem lida com a relação sintaxe-semântica.

BECHARA, E. *Moderna gramática portuguesa*. 37. ed. rev. e amp. Rio de Janeiro: Lucerna, 2005.

Essa gramática oferece ao leitor um tratamento gramatical rigoroso da língua portuguesa, constituindo-se, por isso, em uma das mais importantes obras de consulta para os professores de Língua Portuguesa, os

Transitividade e seus contextos de uso

estudantes de Letras e para o público em geral. Aos interessados em sintaxe e transitividade, especialmente, recomendam-se os capítulos "Verbo e Regência". Este último oferece uma lista de nomes e verbos com suas respectivas regências que dirime dúvidas ou indecisões do usuário em relação ao tema.

Posfácio

Retorno à Transitividade e seus contextos de uso

A Cortez Editora disponibiliza ao público em geral e, em especial, aos estudantes, professores e pesquisadores interessados em questões de língua e linguagem, a segunda edição de *Transitividade e seus contextos de uso*. Alguns fatos justificam o presente volume. Em primeiro lugar, ressaltamos a boa aceitação que o livro teve entre professores e alunos da graduação em Letras, o que fez com que a primeira edição, publicada em 2007, tenha se esgotado num prazo relativamente curto. Em vista dessa demanda, a reedição tornou-se viável e, por que nao dizer, necessária. Houve, também, a mudança de editora e do nome da coleção. Inicialmente publicado pela Editora Lucerna, como o primeiro título da Coleção *Tópicos em Linguagem*, a segunda edição deste livro agora faz parte da Coleção *Leituras introdutórias em Linguagem*, sob os auspícios da Cortez Editora, com o "objetivo de explorar temas de interesse para alunos e professores de Letras, Linguística, Educação, Antropologia, Sociologia, Psicologia e demais estudiosos da linguagem". Além disso, algumas alterações fizeram-se necessárias no sentido de adequar o registro escrito às novas regras ortográficas e de corrigir eventuais deslizes de forma e de estilo.

Vale ressaltar, contudo, que o atual volume mantém o propósito original da coleção e o perfil que identifica os livros sob seu âmbito. Assim, *Transitividade e seus contextos de uso* aborda um tema corrente nas salas de aula do ensino médio e superior sob uma orientação linguística que não é comum no contexto escolar. Desse modo, um tópico conhecido é introduzido e aprofundado de um ângulo que contribui para um conhecimento baseado em pesquisas recentes sobre os estudos da linguagem. Considerando os objetivos da coleção e seu público-alvo, foi mantida a diretriz de apresentar o conteúdo em uma linguagem simples e direta.

Ao reapresentar ao público a obra *Transitividade e seus contextos de uso*, a Cortez Editora reafirma seu compromisso com a divulgação científica referente aos estudos linguísticos, ao proporcionar que novos leitores tenham acesso a esse livro tão bem acolhido em sua primeira edição.

Angela Paiva Dionisio
Maria Auxiliadora Bezerra
Maria Angélica Furtado da Cunha

Referências bibliográficas

BAZERMAN, C. The life of the genre, the life in the classroom. In: BISHOP, W.; OSTROM, H. *Genre writing*: issues, arguments alternatives. Edwardsville: Southren Illinois University Press, 1997. p. 19-26.

_____; DIONÍSIO, A. P.; HOFFNAGEL, J. (Orgs.). *Gêneros textuais, tipificação e interação*. São Paulo: Cortez, 2005.

BEAUGRANDE, R. de; HALLIDAY, M. A. K. *Linguistic theory*: the discourse of fundamental works. New York: Longman, 1991.

BECHARA, E. *Moderna gramática portuguesa*. Rio de Janeiro: Lucerna, 2005.

BERLINCK, R. A.; AUGUSTO, M. R. A.; SCHER, A. P. Sintaxe. In: MUSSALIM, F.; BENTES, A. C. (Orgs.). *Introdução à linguística*: domínios e fronteiras. São Paulo: Cortez, 2001.

BOLINGER, D. *Meaning and form*. London: Longman, 1977.

BORBA, F. da S. *Dicionário gramatical de verbos do português contemporâneo*. São Paulo: Editora da Unesp, 1991.

BUTT, D. et. al. *Using functional grammar*: an explorer's guide. Sydney: MacQuarie University, 2001.

CHAFE, W. *Significado e estrutura linguística*. Rio de Janeiro: Ao Livro Técnico, 1979.

CUNHA, C.; CINTRA, L. *Nova gramática do português contemporâneo*. Rio de Janeiro: Nova Fronteira, 1985.

DILLINGER, M. Forma e função na linguística. *DELTA.*, v. 7, n. 1, p. 395-407, 1991.

DIRVEN, R.; FRIED, V. (Eds.). *Functionalism in linguistics.* Amsterdam: John Benjamins, 1987.

DU BOIS, J. W. Competing motivations. In: HAIMAN, J. (Ed.). *Iconicity in syntax.* Amsterdam: John Benjamins, 1985. p. 343-365.

EGGINS, S. *An introduction to systemic functional linguistics.* London: Pinter Publishers, 1995.

FAIRCLOUGH, Norman. *Discurso e mudança social.* Brasília: Editora da UnB, 2001.

FURTADO DA CUNHA, M. A. (Org.). *Corpus Discurso & Gramática*: a língua falada e escrita na cidade do Natal. Natal: EDUFRN, 1998.

_____. A functional typological introduction. *Syntax,* Amsterdam: John Benjamins, v. 1, 1984.

_____. *Syntax.* Amsterdam: John Benjamins, v. 1/2, 2001.

_____. Estrutura argumental e valência: a relação gramatical objeto direto. *Revista Gragoatá,* n. 21, p. 115-131, 2006.

GIVÓN, T. *On understanding grammar.* New York: Academic Press, 1979.

GREENBERG, J. (Ed.). *Universals of language.* Cambridge: Massachusetts Institute of Technology, 1966.

HALLIDAY, M. A. K. Notes on transitivity and theme in English. *Journal of Linguistics,* n. 3, Part I, 1967a.

_____. Notes on transitivity and theme in English. *Journal of Linguistics,* n. 3, Part II, 1967b.

_____. *An introduction to functional grammar.* London: Edward Arnold, 1985.

_____; MATTHIESSEN, C. M. I. M. *Introducion to functional grammar.* 3. ed. London: Arnold, 2004.

HALLIDAY, M. A. K. *Systemic functional grammar*: a first step into the theory. Disponível em: <http://whgsoft.com/siystemic/index.html>. Acesso em: 13 jun. 2005.

HERBELE, V. M. An investigation of textual and contextual parameters in editorials of women´s magazines. Tese (Doutorado) — UFSC, Florianópolis. Programa de Pós-graduação em Inglês e Literaturas Correspondentes, publicada no CD-ROM TELA, 1997.

_____. A representação das experiências femininas em editoriais de revistas para mulheres. *Revista Iberoamericana de Discurso y Sociedad*, Barcelona: Editorial Gedisa, v. 1, n. 3, p. 73-86, 1999.

HOPPER, P. J. Causes and effects. *CLS*, v. 21, p. 67-88, 1985.

_____. Emergent grammar. *Berkeley Linguistics Society*, v. 13, p. 139-157, 1987.

_____; THOMPSON, S. A. Transitivity in grammar and discourse. *Language*, v. 56, p. 251-299, 1980.

KRESS, G.; VAN LEEUWEN, T. *Reading images*: the grammar of visual design. London/New York: Routledge, 1996.

LEECH, G. *Principles of pragmatics*. London: Longman, 1983.

LYONS, J. *Introdução à linguística teórica*. Tradução de Rosa Virgínia Mattos e Silva e Hélio Pimentel. São Paulo: Editora Nacional/Edusp, 1979.

MARCUSCHI, L. A. Gêneros textuais: definição e funcionalidade. In: DIONÍSIO, A. P.; MACHADO, A. R.; BEZERRA, M. A. (Orgs.). *Gêneros textuais e ensino*. Rio de Janeiro: Lucerna, 2002.

MARQUES DE MELO, J. *A opinião no jornalismo brasileiro*. 2. ed. Petrópolis: Vozes, 1994.

_____. *Jornalismo opinativo*: gêneros opinativos no jornalismo brasileiro. Campos do Jordão: Mantiqueira, 2003.

MARTIN, J. R.; MATTHIESSEN, C. M. I. M.; PAINTER, C. *Working with functional grammar*. London: Arnold, 1997.

MATTHEWS, P. *The concise Oxford dictionary of linguistics*. Oxford: Oxford University Press, 1997.

MEURER, J. L. Uma dimensão crítica do estudo de gêneros textuais. In: _____; MOTTA-ROTH, D. (Orgs.). *Gêneros textuais*. Bauru: Edusc, 2002.

_____. Gêneros textuais na análise crítica de Fairclough. In: _____ et al. (Orgs.). *Gêneros*: teorias, métodos debates. São Paulo: Parábola Editorial, 2005. p. 81-106.

MOTTA-ROTH, D.; HERBELE, V. M. O conceito de "estrutura potencial do gênero" de Ruqayia Hasan. In: MEURER, J. L. et al. (Org). *Gêneros*: teorias, métodos debates. São Paulo: Parábola Editorial, 2005, p. 12-28.

NEVES, M. H. de M. *A gramática funcional*. São Paulo: Martins Fontes, 1997.

_____. *Gramática de usos do português*. São Paulo: Editora Unesp, 2000.

OLIVEIRA, R. P. de. Formalismos em linguística: uma reflexão crítica. In: MUSSALIM, F.; BENTES, A. C. (Orgs.). *Introdução à linguística*: fundamentos epistemológicos. São Paulo: Cortez, 2004.

PERINI, M. *Gramática descritiva do português*. São Paulo: Ática, 1995.

PEZATTI, E. G. O funcionalismo em linguística. In: MUSSALIM, F.; BENTES, A. C. (Orgs.). *Introdução à linguística*: fundamentos epistemológicos. São Paulo: Cortez, 2004.

SAID ALI, M. *Gramática histórica da língua portuguesa*. Rio de Janeiro: Edições Melhoramentos, 1971.

SOUSA, Jorge P. *Introdução à análise do discurso jornalístico impresso*: um guia para estudantes de graduação. Florianópolis: Letras Contemporâneas, 2004.

SOUZA, M. M. de. *Transitividade e construção de sentido no gênero editorial*. Tese (Doutorado) — Programa de Pós-Graduação em Letras, UFPE, Recife, 2006.

SOUZA, M. M. de. *Gramática secundária da língua portuguesa*. São Paulo: Melhoramentos, 1964.

SLOBIN, D. The origins of grammatical encoding of events. In: HOPPER, P. J.; THOMPSON, S. A. (Eds.). *Syntax and semantics (Studies in transitivity)*. New York: Academic Press. 1982. v. 15.

TRASK, R. L. *Dicionário de linguagem e linguística*. Tradução de R. Ilari. São Paulo: Contexto, 2004.

Índice remissivo

A

Afetamento 49
Agentividade 49
Aspecto 47

C

Campo 24
Cinese 47
Circunstâncias 68
Contexto de cultura 25
Contexto de situação 25

F

Forma 15
Função 15

I

Metafunções 26
Individuação 49
Intencionalidade 48
Interpessoal 26

L

Linguística Sistêmico-Funcional (LSF) 23

M

Mensagem 26
Metafunção
  ideacional 26
  interpessoal 26
  textual 26
Metafunções 26
Modalidade 48
Modo 15

O

Objeto paciente
  anafórico 60
  inferido 60

P

Paradigma formalista 15
Paradigma funcionalista 15
Participante
  Ator 71
  Atributo 85
  Behaviour 75
  Beneficiário 71, 72
  Característica 74, 88, 89
  Comportante 75
  Dizente 74, 75

Existente 75, 92
Experienciador 73
Extensão 71
Fenômeno 73
Meta 72
Portador 85, 86
Receptor 74, 75
Valor 74, 87, 88, 89
Verbiagem 75
Participantes 47
Partiicipante
Meta 71
Polaridade 48
Pontualidade 48
Processos comportamentais 71, 75
Processos existenciais 75
Processos materiais 71, 72, 73
Processos mentais 73
Processos relacionais 73
  atributivos 74
  identificadores 74
Processos verbais 74

R

Regência verbal 30, 31
Relação 29
Representação 28

S

Sintagma Nominal 85
Sintagma Verbal 33

T

Transitividade 9, 10
Da oração 46, 56
Semântica 40
Troca 28, 72, 80

V

Valência
  Quantitativa 31
  Semântica 31
  Sintática 31
  Verbal 30, 31

GRÁFICA PAYM
Tel. (011) 4392-3344
paym@terra.com.br